SCIENCE

我与科学捉迷藏
QINGSHAONIAN AI KEXUE
李慕南　姜忠喆◎主编 >>>>

WO YU KEXUE ZHUOMICANG

普及科学知识，拓宽阅读视野，激发探索精神，培养科学热情。

边玩游戏边学科学

★ 多各种科普知
图，为你展现一个生
让你体会发现之旅
旅是多么神奇！

U0747051

吉林出版集团
北方妇女儿童出版社

图书在版编目(CIP)数据

边玩游戏边学科学 / 李慕南,姜忠喆主编. —长春
: 北方妇女儿童出版社,2012.5 (2021.4重印)
(青少年爱科学. 我与科学捉迷藏)
ISBN 978 - 7 - 5385 - 6327 - 6

Ⅰ.①边… Ⅱ.①李… ②姜… Ⅲ.①智力游戏 – 青
年读物②智力游戏 – 少年读物 Ⅳ.①G898.2

中国版本图书馆 CIP 数据核字(2012)第 061652 号

边玩游戏边学科学

出 版 人　李文学
主　　编　李慕南　姜忠喆
责任编辑　赵　凯
装帧设计　王　萍
出版发行　北方妇女儿童出版社
地　　址　长春市人民大街 4646 号 邮编 130021
　　　　　电话 0431 – 85662027
印　　刷　北京海德伟业印务有限公司
开　　本　690mm × 960mm　1/16
印　　张　12
字　　数　198 千字
版　　次　2012 年 5 月第 1 版
印　　次　2021 年 4 月第 2 次印刷
书　　号　ISBN 978 - 7 - 5385 - 6327 - 6
定　　价　27.80 元

前　　言

　　科学是人类进步的第一推动力,而科学知识的普及则是实现这一推动力的必由之路。在新的时代,社会的进步、科技的发展、人们生活水平的不断提高,为我们青少年的科普教育提供了新的契机。抓住这个契机,大力普及科学知识,传播科学精神,提高青少年的科学素质,是我们全社会的重要课题。

　　一、丛书宗旨

　　普及科学知识,拓宽阅读视野,激发探索精神,培养科学热情。

　　科学教育,是提高青少年素质的重要因素,是现代教育的核心,这不仅能使青少年获得生活和未来所需的知识与技能,更重要的是能使青少年获得科学思想、科学精神、科学态度及科学方法的熏陶和培养。

　　科学教育,让广大青少年树立这样一个牢固的信念:科学总是在寻求、发现和了解世界的新现象,研究和掌握新规律,它是创造性的,它又是在不懈地追求真理,需要我们不断地努力奋斗。

　　在新的世纪,随着高科技领域新技术的不断发展,为我们的科普教育提供了一个广阔的天地。纵观人类文明史的发展,科学技术的每一次重大突破,都会引起生产力的深刻变革和人类社会的巨大进步。随着科学技术日益渗透于经济发展和社会生活的各个领域,成为推动现代社会发展的最活跃因素,并且成为现代社会进步的决定性力量。发达国家经济的增长点、现代化的战争、通讯传媒事业的日益发达,处处都体现出高科技的威力,同时也迅速地改变着人们的传统观念,使得人们对于科学知识充满了强烈渴求。

　　基于以上原因,我们组织编写了这套《青少年爱科学》。

　　《青少年爱科学》从不同视角,多侧面、多层次、全方位地介绍了科普各领域的基础知识,具有很强的系统性、知识性,能够启迪思考,增加知识和开阔视野,激发青少年读者关心世界和热爱科学,培养青少年的探索和创新精神,让青少年读者不仅能够看到科学研究的轨迹与前沿,更能激发青少年读者的科学热情。

　　二、本辑综述

　　《青少年爱科学》拟定分为多辑陆续分批推出,此为第四辑《我与科学捉迷藏》，以"动手科学，实践科学"为立足点，共分为 10 册，分别为：

1.《边玩游戏边学科学》

2.《亲自动手做实验》

3.《这些发明你也会》

4.《家庭科学实验室》

5.《发现身边的科学》

6.《365 天科学史》

7.《用距离丈量科学》

8.《知冷知热说科学》

9.《最重的和最轻的》

10.《数字中的科学》

三、本书简介

本册《边玩游戏边学科学》是一本趣味盎然的科学游戏书。它涵盖了光、色、热、声、电、磁、力、运动、化学、数学、宇宙、动植物、人体等十余个领域，共选取了数百个充满趣味的科学游戏，既有异彩纷呈的物理现象，又有变幻多姿的化学变化，更有奇趣无穷的自然奥秘……这些看起来简单易行、妙趣横生的小游戏中蕴涵着无数科学原理。通过它们，学生们不仅可以培养观察和思考的习惯，还可以锻炼自己的动手能力，学到很多课堂上学不到的知识。此外，为了让青少年朋友更加准确地操作游戏、认识并掌握科学原理，本书绘制了大量的游戏步骤示意图，为每一个游戏的操作步骤做了形象生动的描述；同时也希望这些精美的图片能给青少年朋友带来美好的视觉享受，让青少年朋友能在本书中尽情体验一场全方位的游戏盛会。

本套丛书将科学与知识结合起来，大到天文地理，小到生活琐事，都能告诉我们一个科学的道理，具有很强的可读性、启发性和知识性，是我们广大读者了解科技、增长知识、开阔视野、提高素质、激发探索和启迪智慧的良好科普读物，也是各级图书馆珍藏的最佳版本。

本丛书编纂出版，得到许多领导同志和前辈的关怀支持。同时，我们在编写过程中还程度不同地参阅吸收了有关方面提供的资料。在此，谨向所有关心和支持本书出版的领导、同志一并表示谢意。

由于时间短、经验少，本书在编写等方面可能有不足和错误，衷心希望各界读者批评指正。

本书编委会

2012 年 4 月

目　　录

降落试验

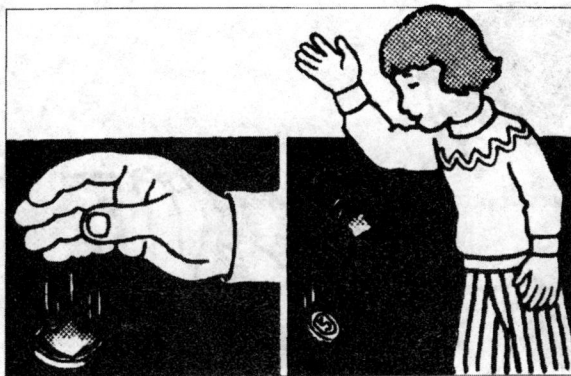

[游戏]

把一张小纸片放在一枚硬币上，然后让它们平行下降。出乎我们意料的是，硬币和纸片会同时落地。纸片在硬币的保护下没有遇到空气的阻力。

[原理]

如果你让硬币和纸片分开降落，则较轻的纸片在遇到空气的阻力后下降的速度比硬币慢很多。著名的意大利科学家伽利略，曾在大约400年前得出结论：只要没有空气阻力，不同重量的物品将以同样速度下降。

反射的小纸球

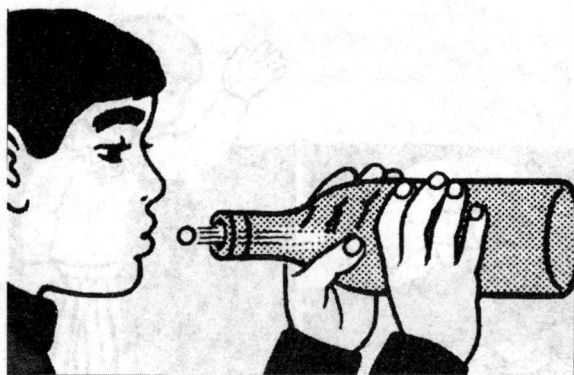

[游戏]

用手横拿一只空瓶子，捻一个小纸球放在瓶口处。尝试把小纸球吹进瓶中去。你会很奇怪，小纸球非但不进入瓶里，反而会朝你的脸喷射回来。

[原理]

通过吹气，瓶中气压增高，同时在瓶口却产生了低气压。在气压取得平衡过程中，纸球就像气枪子弹一样反射了出来。

不怕风暴的硬币

[游戏]

把三枚大头针插在木平台中央，然后把一枚硬币放在大头针头上。如果不知道这个试验的奥秘，就没有人能够把硬币从三条腿上吹下来。

[原理]

由于气流无法触到硬币表面和光滑的边缘，它只能从硬币下面的缝隙中通过，因而减弱了气压，而上面的正常大气压却更结实地把硬币压在大头针头上。但如果你把下颚放在台面上，伸出下嘴唇向前吹去，气流将恰好直接吹到硬币下面而把它吹掉。

火柴升降机

[游戏]

　　并排摆在桌子上的若干根火柴，可以用呼吸搬运到火柴盒中。怎样做呢？

　　用嘴唇夹住火柴盒套，降在一排火柴上，然后深吸一口气！火柴将附在盒套上，就像是贴上一样，任凭你提起和运走。

[原理]

　　通过吸气，盒套中的空气变得稀薄，产生了低气压。而外面的正常大气压却把一排火柴压迫在盒套底部开口处。如果你猛然吸一口气，甚至单独一根火柴也能被吸起来。

风动火箭

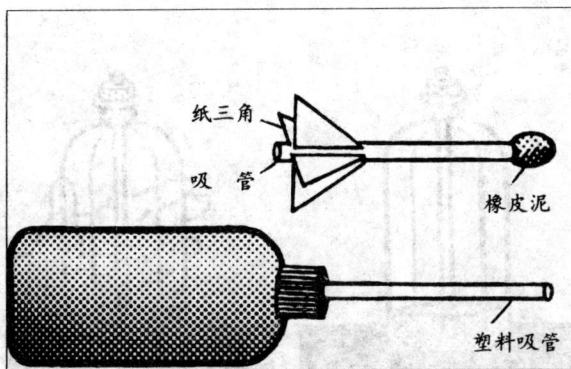

纸三角
吸 管
橡皮泥
塑料吸管

[游戏]

在一只软塑料瓶的瓶盖上穿一个孔,插进一支较细的塑料吸管,把接口处用胶条密封起来。用一支可以轻易套在细吸管外面的较粗的吸管,做成一枚 10 厘米长的火箭。用纸三角贴上一个平衡器,箭头用橡皮泥捏成。把小塑料吸管插入火箭中,让管口末梢插在橡皮泥里。使劲挤一下塑料瓶,火箭就可以飞出 10 米以外。

[原理]

瓶中被压缩的空气,通过小吸管压向橡皮泥,并充满了火箭筒。火箭在压力下脱离瓶管,火箭筒中的压缩空气立即膨胀,向后喷射,形成反作用力,推动火箭向前飞行。

瓶式温度计

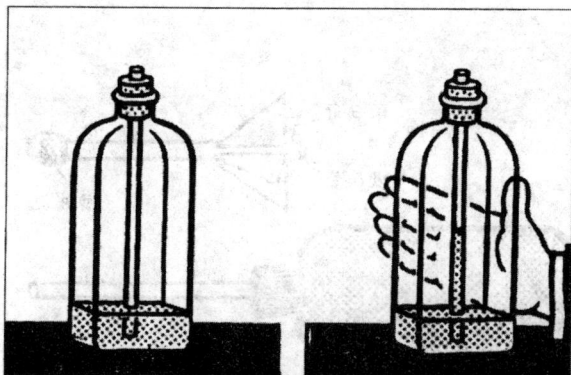

[游戏]

把有颜色的水倒入一只四角形瓶子里，然后用软木塞塞紧。软木塞上穿一个孔，插入一根吸管进去，一直插到瓶中的液体里。用胶条密封瓶口。当你用手握住瓶子时，吸管中的水就会上升。

[原理]

被关在瓶中的空气，随着温度上升而膨胀，因为它的分子开始剧烈和快速碰撞，压迫水平面，使水进入吸管中，于是水平面显示出温度的差异。你可以参照真正的温度计，在瓶子上标出刻度。这个瓶式温度计就可以向你显示不同的温度了。

连在一起的玻璃杯

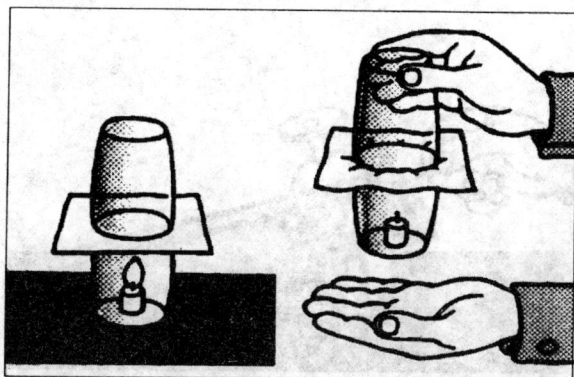

[游戏]

在一只空水杯中点燃一个蜡烛头，然后在杯口覆盖一张蘸了水的吸墨纸，再把另一只同样大小的玻璃杯倒扣在上面。几秒钟之后，杯中的蜡烛熄灭，但当你拿起杯时，却发现两只杯子已经连在了一起。

[原理]

由于吸墨纸是透气的，所以蜡烛一直燃烧到两只杯中的氧气消耗完。其中部分燃烧过并膨胀的气体外溢。火焰熄灭以后，气体迅速冷却并萎缩。于是在两只杯子中产生了低气压。外面正常的大气压把它们压迫在一起。

气垫效应

[游戏]

取一块光滑的托盘，斜放在一只竖立的火柴盒上。托盘上涂抹少许稀释的洗涤剂，让一只倒放的玻璃酒杯可以轻易向下推动。拿一根点燃的火柴接近杯子，杯子就会自动地从上往下滑动。

[原理]

杯中的空气开始升温并膨胀。杯子被升高的气压抬起，就像气垫车一样，由于托盘的摩擦力逐渐减小，便自行向下滑去。

不一样的热导体

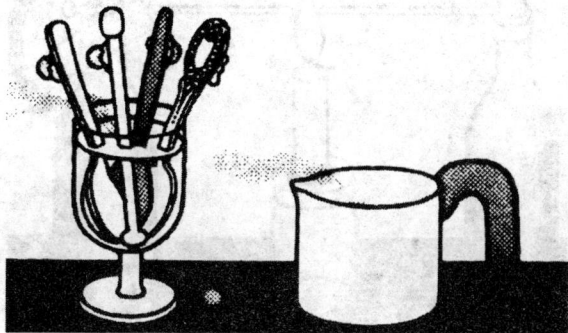

[游戏]

在一只玻璃杯中放入三把小调羹：一把钢的，一把银的，一把塑料的，以及一根玻璃搅拌棍儿。在它们的柄部同样的高度上用黄油各粘上一粒干豌豆。现在你开始往杯中倒入热水，豌豆会以什么样的次序掉下来呢？

银调羹上的黄油很快就会融化，首先让豌豆掉下。然后的次序是钢调羹和玻璃调羹，但塑料调羹上的豌豆却岿然不动。

[原理]

银是最好的热导体，而塑料却几乎不传热。所以汤锅和熨斗的把柄都是用塑料制成。

能够伸延的金属

[游戏]

把一根铝制毛衣针插入酒瓶软木塞侧面，让它的另一端搭在另一只酒瓶口上。把一个纸箭头搭在一根缝衣针上，放在瓶口和毛衣针之间。然后放置一根蜡烛，紧靠在毛衣针的中间部位。点燃蜡烛，纸箭头就会很快向右旋转。

[原理]

毛衣针由于加温变热而膨胀伸延，因为铝原子在运动中相互的间距加大。如果用一根同样长的钢针，纸箭头的运动幅度就会小许多，因为钢的热涨幅度只有铝的一半。

小·冰·山

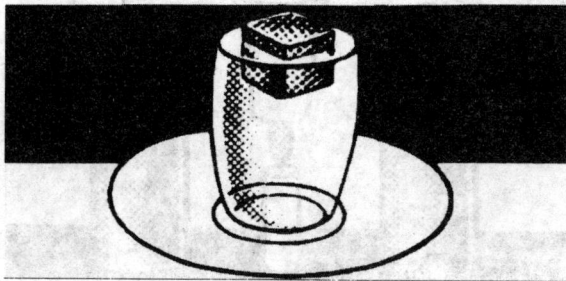

[游戏]

把一个小冰块放入一只玻璃杯中，将杯注满水，直至杯的边缘。冰块浮在上面，其中的一部分露出水面。如果冰块融化，杯中的水岂不要外溢？

不会，因为水结冰时要比原来的体积膨胀出 1/11。也就是说，冰块轻于水而漂浮在水中，只有一部分冒出水面。冰块融化时体积回缩，恰好又占据了冰块原来占据水的空间。

[原理]

漂浮在海面上的冰山，危及航船的安全，它所以十分危险，因为在水面上看到的只是它冒出的一角，而不是水中的全部体积。

纸 锅

[游戏]

你想过用一只纸杯在明火或炽热的电炉灶盘上烧开水吗？你可以做一个试验：用毛衣针穿过一只装满水的纸杯，搭在两只酒瓶中间，在纸杯下点燃一支蜡烛。过一会儿，杯中的水就烧开了——而纸杯却安然无恙，连一点烤痕都没有。

[原理]

水吸收了纸杯上的热量，在100度时沸腾。水的温度不会再升高，所以也达不到纸杯燃烧所需要的温度。

自由飘浮的小气球

[游戏]

从新年集市给孩子买来的气球，会飞向天空；它有动力，因为它里面装有很轻的气体。在一个温暖的房间里，你也可以让一个气球飘拂在半空。窍门是：把一块硬纸板拴在气球上，让气球先是向下降落。你陆续把纸板剪小，直到气球开始缓慢上升，然后在你所需要的高度停住。

[原理]

生暖气的房间里，流动着不同温度的空气层——冷的和重的靠近地面，而暖的和轻的则趋向天花板。坠着硬纸板的气球可以停在和其重量相应的空气层中。

钓 冰 块

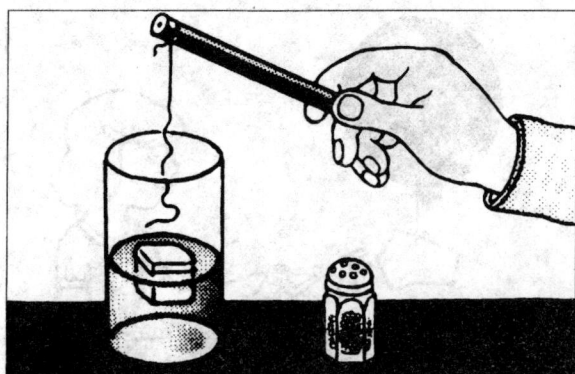

[游戏]

用铅笔和丝线做一支渔竿，在一只杯子里装上水，让一个小冰块漂浮在水上。如何才能用这支渔竿把冰块钓起来呢？把丝线头下降到冰块上，然后在冰块上撒几粒食盐。线头立即就会冻在冰块上。

[原理]

食盐使冰块融化，这恰恰是几粒食盐在冰块上起的作用。一个物体融化时需要热量，于是热量被冰块表面上没有沾到盐粒的地方摄走，所以这里的液体立即重新结冰，把落在上面的线头冻在冰块上，于是就可以把冰块钓上来了。

水 丘

[游戏]

在一只干燥的玻璃杯中灌满水，但不要让水溢出来。然后慢慢地往杯中放硬币，一个接着一个，你可以观察到水平面的变化。

你会感到奇怪，里面竟然可以放这么多硬币，而水却不漫出来：水杯上面形成了一个小水丘。

[原理]

这个水丘是表面张力起作用的结果，这是水分子间的一种相互吸引力造成的。最后甚至可以把一个小盐罐的全部食盐都缓慢地撒在水面上。盐在上面融化，分别进入水分子之间，而水却不会外溢。

软木片爬水丘

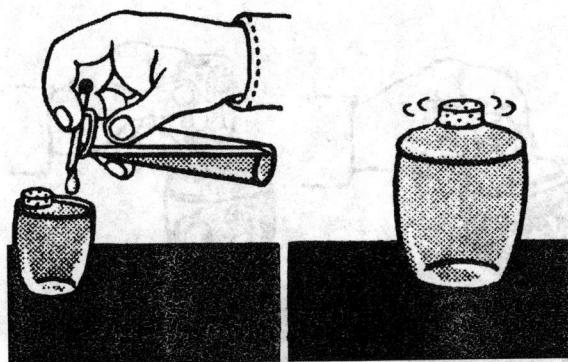

[游戏]

取一只小玻璃酒杯，注满水直至边缘，放在桌子上，并在水面靠近边缘处放一个圆形软木片。如何才能使软木圆片移动到水面中央而又不去触动它呢？

[原理]

用一只小试管把水慢慢滴入酒杯中，直到形成一个水丘。开始时，重力使软木片留在稍微隆起的水面边缘。你继续向杯中滴水，水的附着力，即水分子和软木片之间的吸引力越来越强烈，于是软木片逐渐被拖上水丘的顶部。

打 水 结

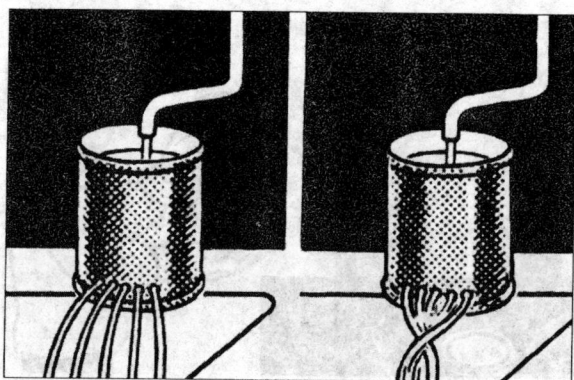

[游戏]

取一只一公斤容量的罐头桶，在靠近底部并排钻五个直径 2 毫米的小孔。把桶放置在水龙头下方，打开水龙头，让水从五个孔中流出。你用手指在五个孔上滑过，五股水流就会合并起来，就好像是扭在了一起。

[原理]

水分子是相互吸引的，并因此在内部产生一种使液体表面缩小的趋势：表面张力。这也是水滴形成的力量。我们在这个试验中，可以清楚地看到这种力量：它使水流导向侧旁，然后统合起来。

飘在空中的水

[游戏]

把一只玻璃杯灌满水，用一个平的塑料盖盖在上面。按紧盖，把杯子一下倒转过来。把手拿开，塑料盖却贴在杯子上，挡住了杯中的水流出。

[原理]

在一只10厘米高的杯子里，水对塑料盖每平方厘米产生的重量为10克（因为一立方厘米的水重一克），而盖外面的空气对每平方厘米的压力却达1000克。它比水的重量大许多倍，因而死死顶住了塑料盖，既不让空气进入，也不让水溢出。

用肥皂当动力

[游戏]

把火柴的尾部劈开，在缝隙里放入少许软肥皂。把火柴放入装有自来水的盘子里，它就会迅速向前游去。在浴缸里，你甚至可以用多枚这样的火柴举行游泳比赛。

[原理]

逐渐化开的肥皂不断破坏水的表面张力。于是产生了水分子朝后方的运动，这就成了火柴朝前走的反作用力。如果不用肥皂，而用洗涤剂，那么火柴的运动会更加快捷。

不透水的孔

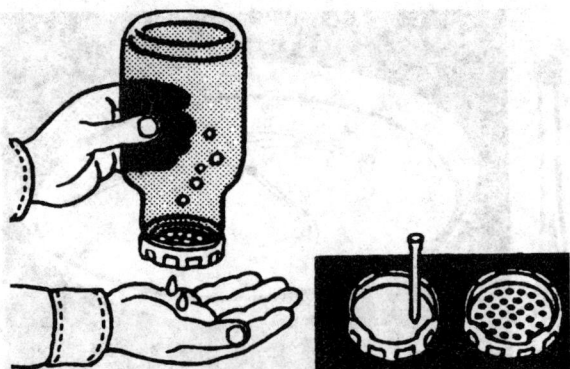

[游戏]

在一个果汁瓶盖上用一根直径3毫米的钉子打30个孔。瓶中灌满水后，把盖拧紧，用手捂住瓶盖。然后把瓶子倒过来，当你把手拿开的时候，瓶中的水却不流出来（最多有几滴）。

[原理]

每个孔都通过水分子的相互吸力在表面上结成了水膜，把孔覆盖住。只有当空气进入瓶中时，水才能同时流出。

平衡的问题

[游戏]

取一把木尺作为天平放在一支有棱的铅笔上，并用两只装着水的玻璃杯放在两端，使其基本保持平衡。如果你把手指伸入其中一只杯子的水中，并不接触玻璃杯，它们还会保持平衡吗？

[原理]

手插在水中的那只杯将向下沉，因为它的重量有所增加，增加的分量，就是手指排出的水的分量。

拳头的大小

[游戏]

把一只装水的容器放在称上，并记下它的重量。把你的拳头放入水中，但不能接触容器，也不能让其中的水外溢。从重量的变化，你可以测出你的拳头的体积。

[原理]

秤上显示的重量的增加，恰恰是拳头排开的水的重量。由于一升水在 4 摄氏度时恰恰重 1000 克，即 1 克等于 1 立方厘米水。如果拳头进入水后，重量增加了 300 克，那就意味着你的拳头恰有 300 立方厘米那样大。

水中的鸡蛋

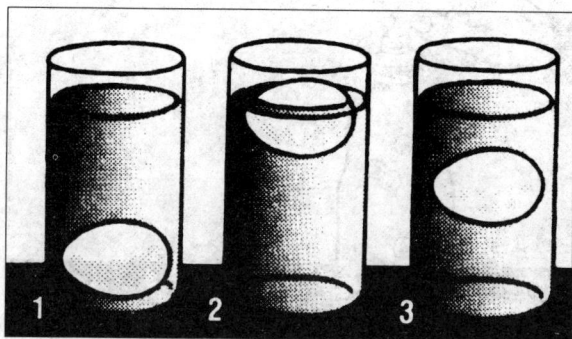

[游戏]

把三只大口玻璃杯注满水，各放入一只鸡蛋。令人不解的是，各个鸡蛋却浮在不同的高度上。这如何解释呢？

[原理]

第一只杯中，用的是自来水，鸡蛋很正常地沉到杯底。第二只杯子里，放了两汤勺食盐，变成了盐水，鸡蛋浮在水面上。第三只杯子下半层是盐水，上半层是正常的自来水，是你用汤勺轻轻放进去的，所以鸡蛋浮在中间。它虽然会在自来水中下沉，但却浮在盐水上面。

活泼的潜水球

吸盘钩

[游戏]

将巧克力糖的锡箔包装纸捻成彩色的小球，按压结实，放入装满水的牛奶瓶中，瓶口安一个有吸力的小挂钩（厨房里一般都有）。用不同力量按压挂钩的橡皮部分，里面的小球就会活泼地上升、下降或者浮在中间。

[原理]

锡箔重于水。小锡箔球所以能够在水中漂浮，是因为小球中还存有空气。手指的压力，被水传播，压缩了球中的空气，它们的浮力减少，所以下沉。

来自下面的压力

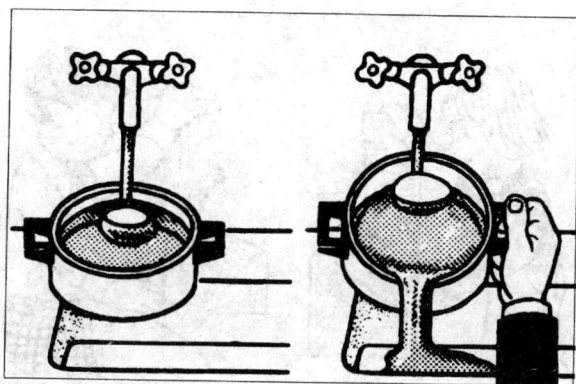

[游戏]

冷却鸡蛋时，让自来水流入煮蛋的锅里，并让水流在蛋和锅壁之间。把锅向前倾斜，蛋本来应该滚到锅朝下的一边，但实际上，蛋却留在上面的水流旁不动，旋转着贴在水流上。

[原理]

流体（或气体）的压力，随着流速加快会减弱。蛋和锅壁间的水流，也是如此。周围带有正常压力的水把蛋推了上去。

撕 报 纸

[游戏]

如果想把报纸撕成条，你就会遇到两种不同的结果：顺着印刷字行撕，撕后的边大体是平直的，而逆着印刷字行撕，边则是弯曲和锯齿状的，这是为什么呢？

[原理]

和木材一样，顺着纤维切割，要比横着容易，纸张同样有纤维走向。生产纸张时，用木材制成的纸浆，要通过一个运动着的筛带。在这个过程中，纸浆中包含的纤维，是按照走向进入机器的。经过上浆、滚轧和干燥后的纸张，逆纤维走向较结实。这一事实，在纸张进一步加工时，即在印刷、装订和做手工时极其重要。

神奇的气泡

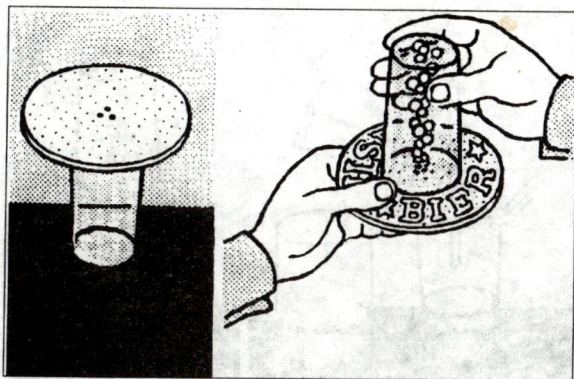

[游戏]

取一个底部是白色的啤酒垫盘，用针从下面中间处扎三个小孔。把一只玻璃杯注满清水，直至边缘，把垫盘盖在上面——垫底朝上，然后立即把玻璃杯倒转过来。你必须用手顶住垫盘，并用手指捂住上面的小孔。现在你就可以做汽水了：你把手从小孔处移开，杯中开始冒起气泡。

[原理]

垫盘的纸板由植物纤维，即极细的管道组成，通过"毛细管现象"汲取水分。由于垫盘吸收了相当的水分，杯中出现了低压，于是外面的空气就通过小孔进入杯中，以取得气压的平衡。

倒流的水

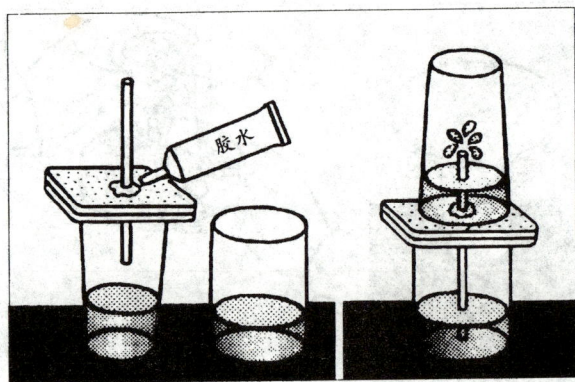

[游戏]

取两个或三个啤酒垫盘，摞在一起，中间刺穿一个相当于塑料吸管粗细的洞，将吸管插入，用胶水封闭缝隙。把吸管按图上的样子剪短。将两只玻璃杯——一只短粗的和一只细长的——分别注满三分之一的清水。把啤酒垫盘放在细长的杯子上，然后猛地把它倒转过来，头朝下扣在短粗杯子上面。这时你就会发现，下面杯子的水会倒流至上面的杯子中去，甚至持续一个小时之久。

[原理]

纸板制作的啤酒垫盘中的管道式纤维，将汲取上面杯子中的部分水分，从而产生了低压。外面的空气为平衡气压试图进入，压迫吸管中的水向上倒流。

湿 度 计

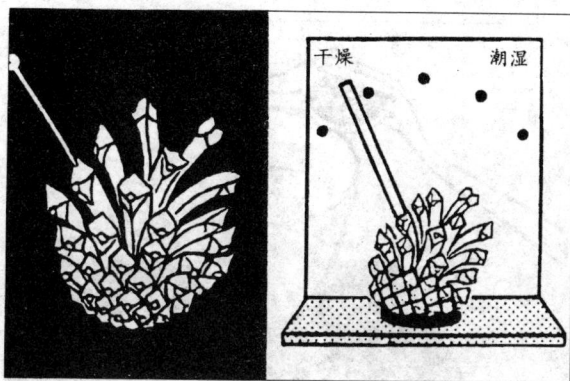

[游戏]

用火漆或胶水把一只干燥的松球果固定在一块木板上。在中间的一个鳞片上插入一根大头针，外面再套上一根吸管。把木板放到外面淋不到雨的地方。吸管会随着气候的变化而移动。请标上刻度。

[原理]

这个简易的湿度计，是大自然的作品。下雨前，松球果紧缩，以保护里面的种子，下雨后，球果的表面则吸收水分，膨胀或者萎缩这个过程，你也可以在一块薄板或者一块纸板上观察得到，如果它的一面变得潮湿的话。

平衡的纽扣

[游戏]

如果你把一只纽扣像图上那样放在茶杯的边上，它必然会一碰到杯边就立即掉下来。谁也不会相信纽扣会停留在杯沿上，即使你想在它的上面固定一个重物，但这是可能的。你只要用两把吃饭用的叉子夹住纽扣，然后再将它放在杯沿上，纽扣就会这样停留在杯沿上。

[原理]

叉子曲柄的顶端特别沉重，并半环形绕着茶杯，于是，纽扣的重心恰好在杯沿的位置，所以这个造型就可以在这里保持平衡了。

飘拂的蝴蝶

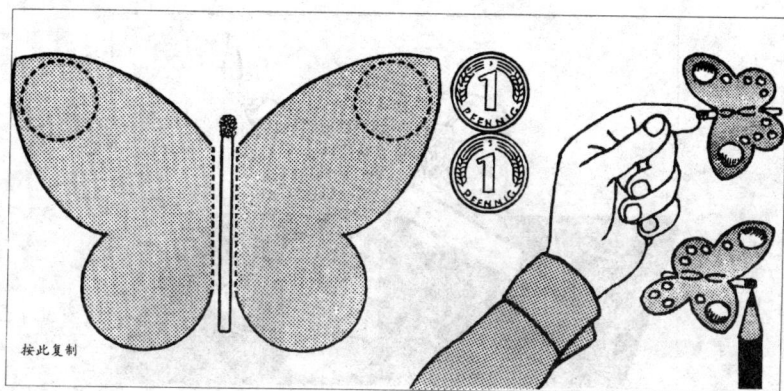

按此复制

[游戏]

用白纸按照图上的样子，剪下两只蝴蝶，并在虚线处折叠起来。把两部分贴在一起，但要在翅膀角上将两枚一分尼的硬币分别放入。点燃一支火柴，立即吹灭，然后贴在——烧焦的黑色火柴头朝上——两层蝴蝶之间。你必须抹两遍胶水，然后用彩笔和花纸把蝴蝶装点起来！这时，如果把蝴蝶的头部放在你的手指上，或者放在桌角或是铅笔尖上，蝴蝶就好像是飘拂在空中。

[原理]

贴在里面的硬币在这里起了作用，整个蝴蝶的重心（在它的周围通过重力保持平衡）转移到了火柴头上。烧焦的火柴头比较粗糙，可以让蝴蝶停在你的手指上。

蜡烛跷跷板

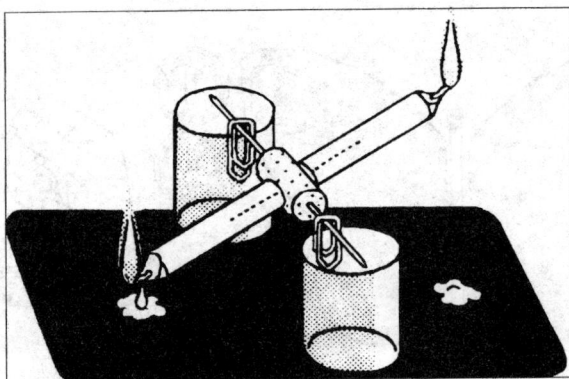

[游戏]

用一支毛衣针竖向穿透一个软木瓶塞，横向再插一根缝衣针，然后在两端各固定一支小蜡烛。在一个托盘上放置两只玻璃杯，然后把毛衣针搭在玻璃杯上，用回形针固定在杯沿上，于是一个跷跷板就做成了。只要把蜡烛点燃，它就可以左右摇摆了。

[原理]

开始时，跷跷板的重心正好在它的轴上，两根蜡烛可以保持平衡状态。但只要有一端的蜡油落下，重心马上就会转移向另一侧，而更重一些的，火焰燃烧程度也就更大一些。两端蜡烛轮流滴下蜡油，重心也随之不断从一端向另一端转移。

平 衡 杆

[游戏]

把一根木杆放在左手和右手的食指上，然后让一端的长度超过另一端。如果你现在继续把手指向中心移动，长的一端会因超重而倾斜吗？

[原理]

不管你的手指如何移动，木杆仍然会保持平衡状态。如果一端超重，那它就会转移到相应的手指上。受压较小的手指，就可以继续向前移动，直到平衡状态恢复。通过重力的相互作用和摩擦，这个过程可以一直延续到两个手指在木杆中间会合。

寻找重心

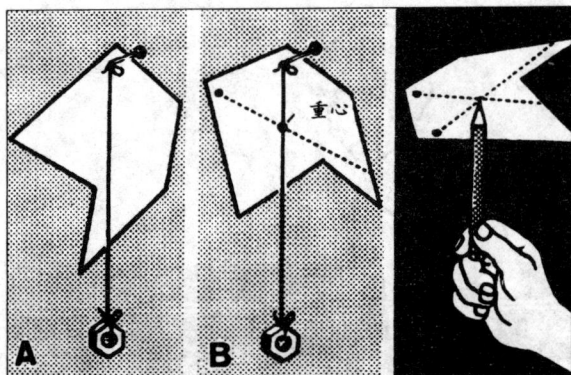

[游戏]

如果一个物体想保持平衡，就必须有一个重心给它以支持。那就是物体各部分得以平衡的作用点。一个形状规则并且材料相同的物体，重心一般位于物体的几何中心部位。但不规则的物体的重心在哪里呢？

[原理]

用一张异形纸板，就可以得到简单而形象的回答：在它的一个角上插入一根大头针，悬挂起来。它的重心就应该正好在悬挂点的垂直线上。所以，你要把大头针以下的垂直线标出来（见图A），然后把纸板换一个角度再挂在墙壁上，同样标出其垂直线。重心就在两条线交叉的地方。

保持平衡的针

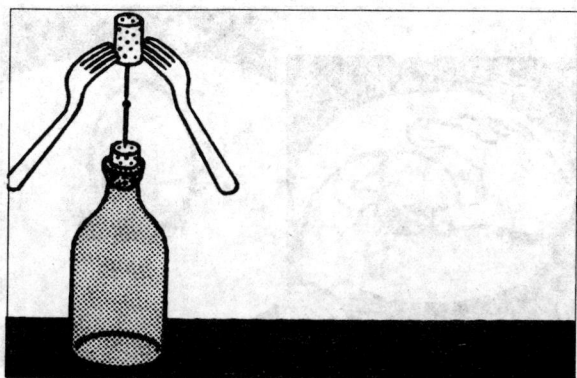

[游戏]

把一根大头针的金属针尖插入一个软木瓶塞中，再把另一个软木塞挖一个小洞，把另一根大头针反过来放进去。如何才能使两根大头针对在一起而保持平衡呢？用两把叉子插在上面那个软木塞的两侧，让它们像两只叉开的胳膊，然后把上面的针尖放在下面的针头上。

[原理]

这个造型的重心由于两侧的叉子的重量，转移到了下面的大头针的头上，因此才出现了平衡状态。针尖在针的圆头上有足够的支撑点，因为它并不很光滑。

鸡蛋陀螺

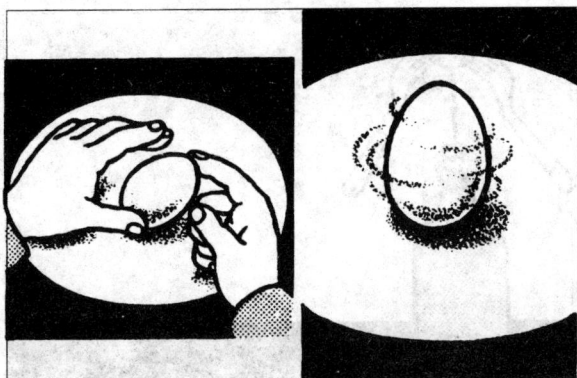

[游戏]

只要把鸡蛋在一个盘子里旋转一下，就可以知道它是一只熟的还是生的鸡蛋了。煮熟的鸡蛋转得比较快，因为它的重心位于下半部，旋转起来可以像一只陀螺那样立起来。

[原理]

内部是液态的生鸡蛋却无法这样做。由于蛋黄重于蛋白，在位于中心的离心力的作用下，它只能摇晃一下，而无法产生旋转的运动。如果把蛋阻挡一下，然后立刻放开，它就会继续再摇晃片刻。原因就是它内部液体的惯性起了作用：蛋虽然已经停止运动，但里面的惯性却仍然企图继续运动。

不倒的铅笔

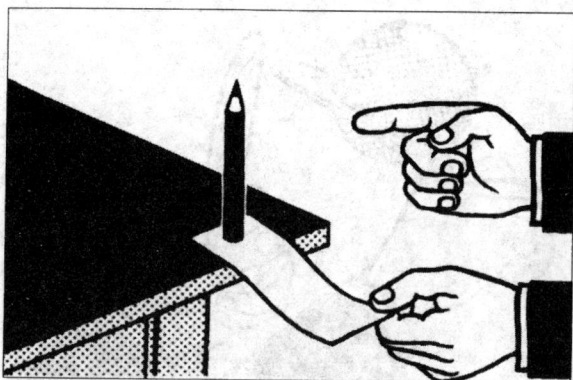

[游戏]

把一张平整的纸条放在平滑的台面上，将一支铅笔竖着立在上面。你能做到不接触也不碰倒铅笔而把纸条拿掉吗？

如果你缓慢地往外抽纸条，铅笔必倒无疑。但你如果用手指飞快猛敲纸条，就可以获得成功。

[原理]

每一个物体都有保持其原有的静止或运动的倾向。铅笔对纸条的快速运动进行了反抗，即停在原地而不跌倒。

切苹果

[游戏]

用刀切入苹果的肉中，让刀抬起时，苹果能够留在刀上面。然后用另一把刀背敲打切在苹果中的刀。敲几下以后，苹果便会自己分开两半。

[原理]

意大利的自然科学家伽利莱·伽利略在 16 世纪曾做过类似的试验，他证明，任何物体都有一种抵制改变原有位置和运动的力量，即所谓的"惯性"。在我们的试验中，苹果的惯性拒绝苹果跟随刀的猛然运动前进。它缓慢地离开刀刃，直到被切开。

搭纸桥

[游戏]

把一张纸当做桥搭在两只水杯中间，上面再放第三只杯子。哎呀！这座桥承受不起。但你如果把这张纸折叠起来，却可以承载玻璃杯的压力：压力分散到了多个斜放的纸墙之上。

[原理]

纸墙折叠后有了合力，因而比平面的纸具有更大的承受力。在工业生产中，把板材和片材进行圆形或方形改造，其稳定性便大大提高——如瓦楞铁皮和瓦楞形纸板。

把香烟打个结

[游戏]

征求成年人的同意，把一支香烟卷在包装用的塑料纸中，把两头拧死。你现在很容易把这支香烟打一个结，而不至于把香烟扭断。

[原理]

如果没有外面的塑料纸，香烟立即就会被扭断，因为香烟中的烟丝，会在压力最大的地方把烟纸弄破。但包上塑料纸以后，由于卷得结实，所以它的压力分散到了整个香烟的长度上。把结打开并把纸展开以后，只需把香烟抹平就可以了。做这个试验，最好拿一支较长的香烟。

切不断的纸

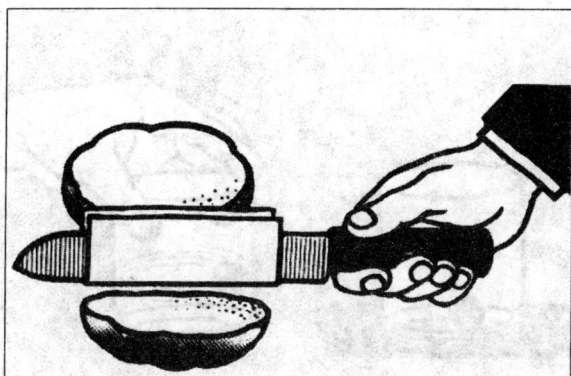

[游戏]

将一把刀放在一张对折的纸中，并把刀刃面向纸折处。你可以用这把穿着纸的刀切土豆，而纸却不会切破。

[原理]

纸随着刀刃切入土豆。刀刃对纸纤维的压力，得到了土豆的反压力。纸所以不会被切破，因为土豆比纸纤维软。即使是切一个未熟的果实，纸的纤维也能够经受得住。但如果你把上面的纸捏住，那就将缺少反压力的平衡，纸就会被切断。

旋转的玻璃弹球

[游戏]

把一个玻璃弹球放在桌子上，用一个果酱瓶口朝下把球扣上。你不必把瓶子反过来，就可以随意把瓶中的球移走，这怎么可能呢？

[原理]

通过转动杯子让里面的球旋转起来。球被离心力压到了瓶壁上，并产生要突破旋转轨道外逃的倾向。如果你转动瓶子时稍微倾斜一些，那么狭窄的玻璃瓶口就能够制止球被甩到外面去。

变形的金属

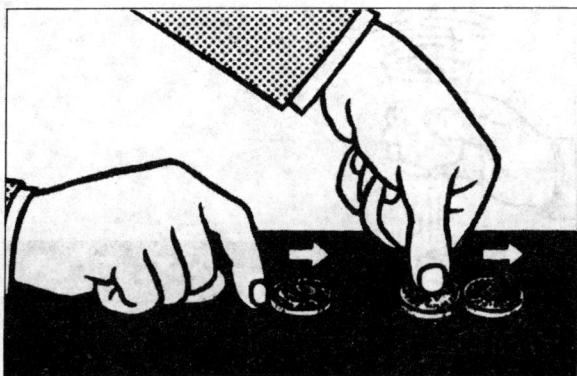

[游戏]

把三枚硬币在桌子上排成一列，让其中的两枚碰在一起。用拇指使劲按住中间的一枚，然后把稍远一点的硬币向它们弹过去。最前面的硬币被弹了出去，尽管中间的那一枚没有改变位置。

[原理]

固体都具有或多或少的弹性，这可以从把钢做成弹簧上得到验证。我们的试验中，中间那枚硬币受到冲击时，同样发生了肉眼看不到的收缩，并在瞬间朝相反的方向扩张，然后立即恢复了原有的形状。通过金属的弹性扩张，冲击力被传递了出去。

发声的酸奶杯

[游戏]

在一只空酸奶杯底穿一个孔，把一段线穿进去，然后在里面用半根火柴横着把它固定住。线上抹上蜂蜡（用蜡烛即可）。然后用拇指和食指去摩擦它，它就会发出吱嘎吱嘎和嗡嗡的响声。

[原理]

发粘的蜡在手指抽动中摩擦。这个压力差别传递到了杯底，杯底像薄膜一样发生震荡，并在空气中产生声波。缓慢摩擦，声波亦缓慢低沉。快速摩擦，声波即会短暂间歇，从而发出高音。

水风琴

[游戏]

在一只薄壁玻璃杯中装半杯清水。手指蘸着杯中的水，然后轻按杯沿缓慢移动。于是杯子就会发出颤动的声音来。

[原理]

这个试验只有当手指潮湿时才能成功。当手指在杯沿上运动时，会出现微小的冲击。玻璃杯开始抖动，于是发出了声音。如果手指上有一点油腻，在杯沿上就不会出现必要的阻力。声音的高低取决于杯中水的多少。杯子的振动在空气中产生声波，它同样可以清晰地传递到水面上。

会唱歌的玻璃杯

[游戏]

把两只薄壁葡萄酒杯并排摆放在桌子上。用肥皂把手洗干净，然后用潮湿的食指，缓慢地顺着一只杯沿运动。这时就会发出一种响亮而美妙的持续音响。

[原理]

手指摩擦玻璃杯，玻璃杯会受到微小的冲击，开始颤动，并波及周围的空气，但奇怪的是，声波还会传递到第二只杯子上，在第二只杯上搭一根细铁丝可以印证这一点。这种"跟唱"现象所以出现，是因为两只杯子在受冲击时有同样的音高。如果不同，可以用注水的方法进行调节。

纸　膜

[游戏]

把半截火柴的一头削尖，另一头劈开。把一张平整的白纸竖着插入火柴劈口处，然后把这一切竖着放在旋转的旧唱片上。喇叭可以通过白纸同样传出清晰和有力的音乐来。

[原理]

火柴尖在唱片沟纹中移动，把振动传递到白纸上，就和唱片针头向老式喇叭形留声机的薄膜的传递一样。纸的振动变成声波，通过空气传入鼓膜。

传音导线

[游戏]

将一把尽可能全金属的叉子拴在一根约一米长的线的中间。把线的两端分别缠在双手的食指上，缠绕多圈，插入耳朵，然后让叉子碰到坚硬的物体上。等它垂下把线拉直时，你就可以听到敲钟似的响声。

[原理]

通过敲击，金属就会振动，就像音叉一样。这里的振动不是通过空气，而是通过线和手指传递到耳膜上。声音不仅可以通过空气，而且可以通过一切固体、液体和气体进行传播。

低音笛子

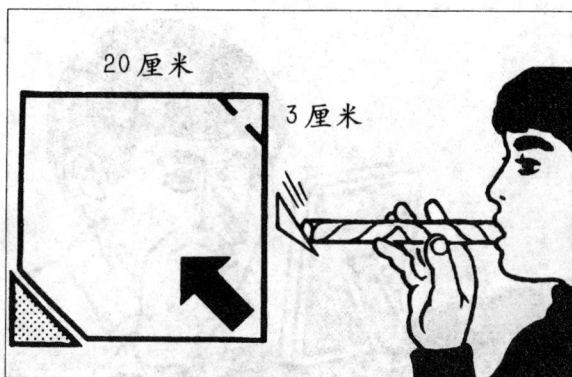

20厘米
3厘米

[游戏]

取一张正方形白纸，剪下一角（见图）。相对的纸角剪两个开口。把纸按箭头方向卷成一个纸管（卷时可借助一支铅笔），把剪口的纸角轻轻按向开口。然后你通过纸管深深吸气，就会发出低沉的轰鸣声。

[原理]

涌进纸管的气流，把纸角吸住，但由于它很轻和有弹性，所以开始振动，在空气中造成了声波。声波每秒钟的次数，称为"频率"。由于这里的频率比较低，所以只能听到低沉的声音。

看不到尽头的景象

[游戏]

　　拿一把小镜子放在两眼中间，让双眼都能看到你前面的一面较大的镜子。两面镜子处于平行的位置，你就可以看到一条无尽头的镜中镜，就像是一条镜子走廊向看不尽的远方延伸。

[原理]

　　鉴于一面镜子的玻璃表面并不完全无色，而是稍有一些绿色，所以每次反射都会有部分光线被吞噬。越深远的图像也就越是阴暗和模糊不清。

硬币"融化"

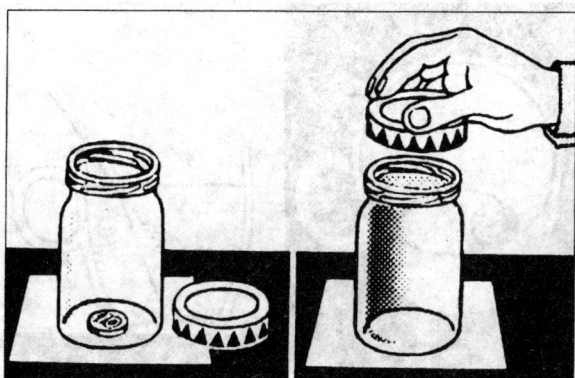

[游戏]

在一张浅色的纸片上放置一个空果酱瓶。我们可以看见里面放着一枚硬币。把瓶子灌满水，硬币就不见了，好像是被水溶解了一样。要达到这个效果，是有窍门的。窍门是：硬币根本就没有放在瓶中，而是放在了瓶子拱形的底部。光线通过瓶底把它反映到我们的眼睛里，让我们相信，硬币确实是在瓶中。

[原理]

瓶子注满水后，光线无法再穿过瓶底，而是在瓶底遭遇一个水下折角向下反射过去，从而形成了一个水银状的镜面。我们最多可以从上面看到硬币，但上面却盖着瓶盖。

影子游戏

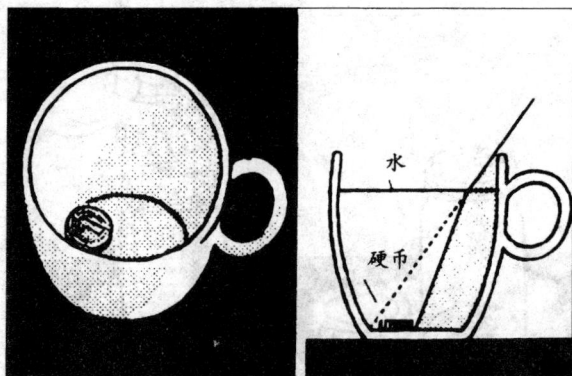

[游戏]

把一枚一分尼的硬币放入茶杯中靠边处。把茶杯放在光线斜照的地方，让杯壁的阴影正好遮住硬币。如何才能把硬币从阴影中解放出来呢？不许移动茶杯和硬币，也不许借助一面小镜子。

[原理]

办法十分简单！让光线折射到硬币上去：在杯中注满清水，阴影就会向旁边回避。光线射在水面上不再走直线，而是向下转弯前进。

银色指纹

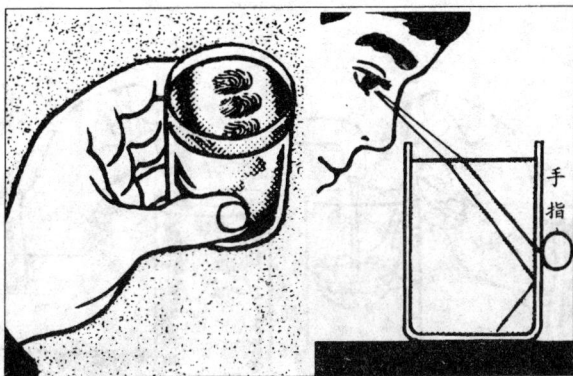

[游戏]

用手拿起一玻璃杯清水，从上面往里面看。你可以在侧旁的反光玻璃壁上，看到手指肚上凸起的指纹；而指纹上的凹槽，却闪着银色的光芒。

为什么看不到整个手呢？

[原理]

照向皮肤表面的光线，途中穿过水和玻璃杯时发生了折射。然而，来自光密度较大的水和玻璃杯的光线，和前往密度较小的空气的光线所形成的射入角中，光线的进程却不是这样。这些光线反射回水中，并在外面有空气的地方产生反射光芒——同样反射在皮肤凹槽中。

折断的铅笔

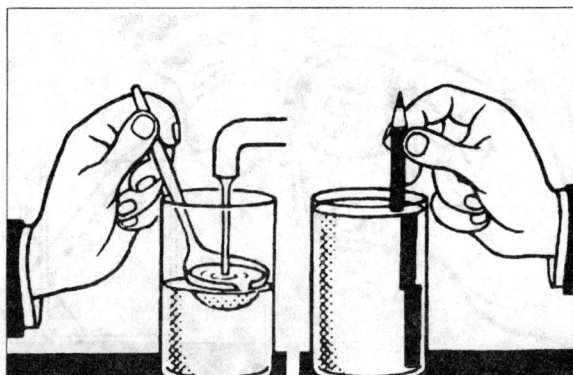

[游戏]

把一小调羹的食盐，放入装满清水的杯中融化，大约 5 分钟之后，把这调羹透明的盐水倒入一只细长的玻璃杯中，然后再小心地通过一把汤勺把玻璃杯注满自来水。把一支铅笔靠着杯边置入，垂直或倾斜均可，这时你就可以看到铅笔被折成三段。

[原理]

插入的铅笔反射的光线，在进入水中时，会被折射成一个固定的角度。在盐水中，光线的折射角度要更大一些，因为它比清水的透光密度大。

被缩短的调羹

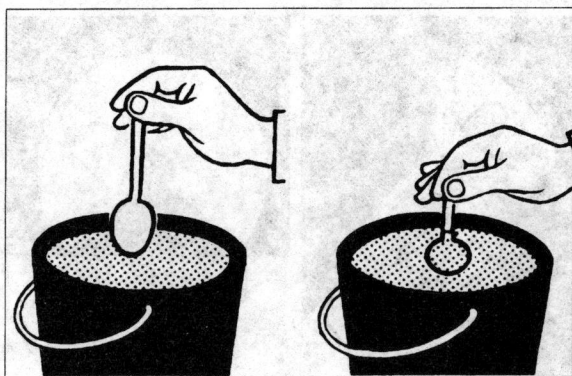

[游戏]

平行看一只装满水的水桶水面，将一把调羹垂直插入水中。水中的调羹，一下子就变短了，这是怎么一回事？

[原理]

这个错觉的产生，主要是因为被插入水中的调羹所反射的光线，不是以直线的方式进入眼帘的。光线在水面上被折射成为一个角度，所以才看到调羹的尖端比实际大大靠上。水域的水由于光的折射，看起来总是比实际深度浅很多。印第安人对这一点就知道得很清楚。他们用箭或矛在水中捕鱼时，总是向更深的地方瞄准。

阳光聚合器

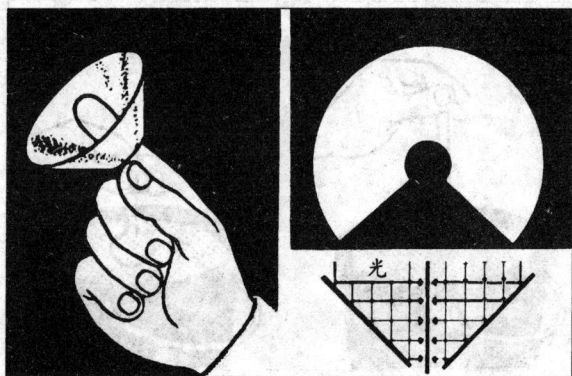

[游戏]

用铝箔做成一个漏斗，把一个手指套进去。你如果把手指指向中午的太阳，很快就会感到手指发热。阳光被光滑的漏斗壁反射到有手指的中轴上。如果把手指插进拆下来的自行车或者手电筒的灯碗里，太阳光会使你难以忍受。

[原理]

阳光在这里集中在原来安灯泡的焦点上。这里的热度甚至可以达到轻易点火的程度。

太阳光谱

[游戏]

把一张白纸放在窗台上，上面摆一只平滑的威士忌酒杯，注满清水。把一张明信片中间剪一个1×10厘米大小的开口，固定在玻璃杯上，把杯子放在一条光线可以照在水面的位置上。这时就会在白纸上出现一个漂亮的太阳光谱，其中的赤、橙、黄、绿、青、蓝、紫各种颜色都清晰可见。

[原理]

这个试验只能在早上或傍晚做，也就是在阳光折射时。如果中午做，你就必须在杯子下面垫上两个啤酒垫盘，让杯子倾斜才行。光线在水面和杯子上发生折射，并把他所具有的颜色分解开来。这个试验，用手电筒也能做。

彩色陀螺

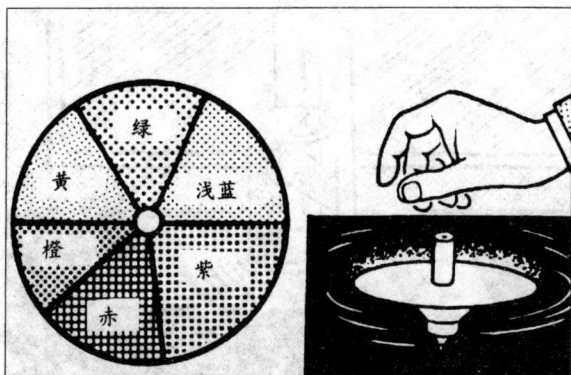

[游戏]

用一块白纸板剪成一个直径 10 厘米的圆盘。用彩笔按图画出鲜艳的颜色。把圆盘贴在用纸板做的半截线轴上，中间插入半截铅笔，让它旋转。这时你会发现，陀螺像中了魔法一样，所有的色彩均消失不见，整个圆盘变成了灰白颜色。

[原理]

圆盘上的颜色和太阳光谱一致。圆盘旋转时，我们的眼睛在瞬间分别接受了各个颜色。但我们的眼睛适应于惯性，不可能跟上如此飞速变化的颜色，所以向大脑传递的信息，就只是白色或浅灰色的表面。

月球火箭

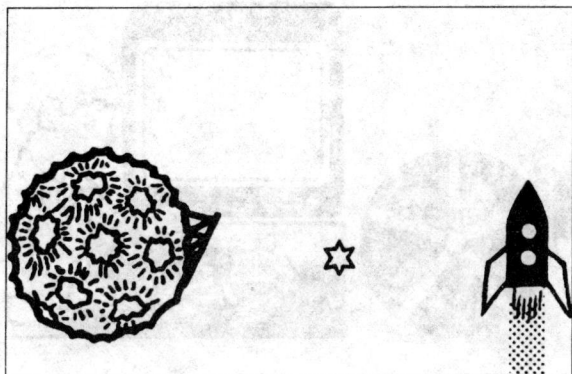

[游戏]

把图拿得近一些，让中间的星星正好在你的鼻子尖上，然后把图慢慢向左旋转。火箭会飞向太空，然后再降落在月球上。

[原理]

首先，你的右眼只能看到火箭，左眼只能看到月球。像正常看东西一样，这两个图像在大脑中聚合起来，就好像火箭安装在发射架上。让图向左旋转，两只眼睛都斜视到了火箭，并越过鼻子追随它的运动，直到转180度后，两半部分图像又聚合起来。

电视陀螺

[游戏]

用啤酒垫盘和一支铅笔头做一个小陀螺，上面贴上黑纸，并用五个白纸条贴出一个星星。在黑暗的房间和打开的电视机前把它旋转起来，你就可以看到，那些纸条开始时是一个模糊的表面，然后就变成了前后运动的明亮棱条，最后竟然停滞不动。

[原理]

电视机每秒钟传递25格图像，每一个图像之后有一个短暂的光间歇。它的开始和结束都会在旋转的白条上显现出来。在每秒钟旋转5圈的情况下，陀螺的速度恰好使它的5个白条分别和电视图像同步。因此，上面的星星看起来就处于停滞状态。

光　扇

[游戏]

用拇指和食指拿一根浅色的小木棍儿，在霓虹灯前左右摇晃。你看到的并不是一片模糊的平面，而是一把有深浅相间扇骨的扇子。

[原理]

霓虹灯灯管里有一种通过电流可以发亮的气体。鉴于交流电中间的间歇，所以，它的光线每秒钟要明灭50次。一般情况下，眼睛由于惯性并不能发现这种间歇。木棍儿在快速的左右摇晃中不断接受明亮和黑暗：使它看起来似乎是在抖动。而白炽灯泡在电流间歇时，却仍然炽热，发出的光并不间歇。

古堡幽灵

[游戏]

这个古堡废墟中，夜间常有幽灵出没！在正常的阅读距离下，在明亮的环境下，凝视右边小黑人的口部一分钟。然后立即转过来凝视古堡的大门洞，大约10秒钟以后，你就会看见一个白色的幽灵出现。

[原理]

看小人时，虹膜不会被它的黑色部分曝光。而其他视觉细胞却很快被白纸闪烁得疲劳。这时你转过去看古堡，疲劳的视觉细胞不再接受白纸的全部明亮部分，而是接受灰色的面积。而其他的视觉细胞，却会对白色更为敏感。

鱼缸中的金鱼

[游戏]

　　在光亮下凝视白色鱼的眼睛一分钟。然后再凝视空鱼缸中的那个黑点，过几秒钟后，你就会看到明亮的碧水和一条红鱼。

[原理]

　　如果你的眼睛长时间盯看左图，对光线敏感的虹膜就会被红色画面弄得局部疲劳。相应的视觉细胞，将对红色不再敏感。因而，当你观看右图的白色画面时，它们就不会接受白光中包含的红色的光线。它们只接受其中的黄色和蓝色部分，二者合在一起成为绿色。而接受白色画面上图像的虹膜，现在却接受红色。

幽灵气球

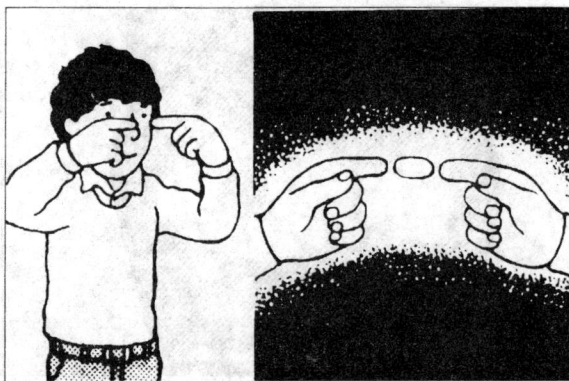

[游戏]

把你两手食指对接在距你的鼻子尖 30 厘米的地方，然后把目光越过手指尖观看对面的墙壁。这时你就会看到一个奇怪的景象，就好像你的两手指中间有一个小气球在那里飘浮。

[原理]

越过手指向前观看的眼睛聚焦在墙壁上，手指的影像也反映到虹膜上，但两个影像在大脑里并不重叠。每只眼睛看到的手指都是双重的，而指尖的额外图像最终聚合在中间，形成一个圆形或长形的幻影。

手掌上的洞

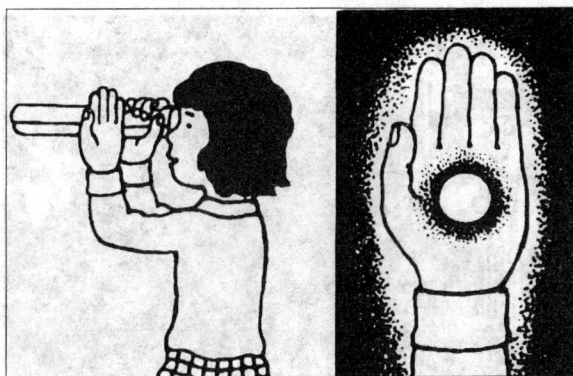

[游戏]

将一张纸卷成一个纸筒，用右眼往里面看去。同时把左手举在纸筒的左边。现在你就会发现，好像一个洞恰好穿透左手的掌心。你能够解释这个错觉是怎么产生的吗？

[原理]

右眼只是看到了纸筒的里面，而左眼却看到一只平平的手掌。和正常看东西一样，每只眼睛所接受的印象，都将在大脑里聚合成为一个立体影像。我们的试验所得到的图像十分真实，因为反映在手掌上的纸筒内部影像具有透视效果。

消失的兔子

[游戏]

在正常阅读距离观看这幅图画。用一只手遮住左眼，然后用右眼凝视魔术师手中的魔杖，这样，旁边那只小兔，就只停留在你视线的一侧。现在你缓慢地接近图画，小兔突然就不见了。

[原理]

图画被眼睛虹膜上无数感光细胞所接受。但它们却在虹膜的某一固定位置上出现空白，即在视觉神经通过眼球的地方。因此，这个地方是不接受光的刺激的。人们称其为"盲点"。在眼球接近图画过程中，小兔影像如果落到这一点上，它就会消失不见了。

难以估测的距离

[游戏]

在一张白纸上画一个点，并把它放在你面前的桌子上。试试用一支铅笔垂直触及那个点，你会很容易取得成功。如果你闭上一只眼睛，再去试一试，那你就几乎永远触及不到这个目标。

[原理]

用一只眼睛，很难估测通向那个点的距离。只有用两只眼睛才能看到立体的图像，才能确认空间的深度。每只眼睛都从不同角度单独确定这个点的位置（注意，如果你接近这个点，角度就会发生变化）。根据角度的大小，大脑几乎可以准确无误地确定这个点的距离。

一心·不能二用

[游戏]

跟你打个赌：你的脚做圆圈运动时，你的手就写不出你的名字来，你相信吗？除了一些无法辨认的笔画外，你什么都写不出来。

[原理]

你这时能够画出的，只是和脚的运动方向一致的圆圈。一旦脚的运动改变了方向，手的运动就会乱起来。所以，脚的运动会反映到你的字迹当中。

每一种运动都要求精神集中，所以很难同时做两件事情。类似的情况也会影响你的精神集中，例如你在做家庭作业时同时听音乐。

感官错觉

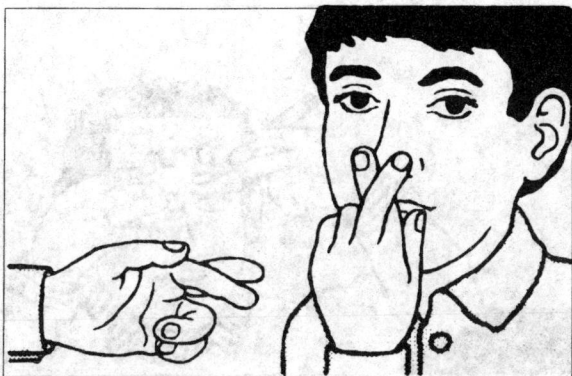

[游戏]

用食指和中指交叉起来摩擦你的鼻尖。你会奇怪地感觉你有两个鼻子。这个试验误导了你的触觉。

[原理]

两指交叉使得手指侧旁的位置进行了交换，正常情况下相隔的指侧，现在变成了贴在一起，共同触摸鼻尖。但每个手指却单独向大脑反映这个触摸信息，所以大脑确实记录下两个鼻子的影像，因为它并不管手指是否交叉。

错误书写

[游戏]

把一张纸片放在额头上，尝试把你的名字写在上面。结果会让你大吃一惊。因为你写出的名字是反的。

[原理]

这种反常的写字方式，使你忘记了除了铅笔要倒过来，书写的方向也必须倒过来才行。出于习惯，你却仍然从左开始，向右写去。因此字体也就倒转了方向。

零钱的问题

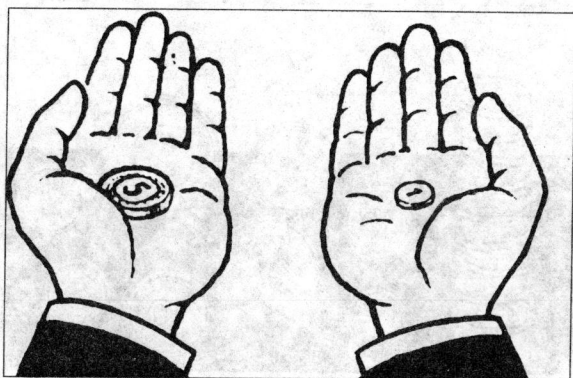

[游戏]

如果比较一下我们硬币的重量，它们到底有多重呢？你觉得，多少枚一分的重量才相当于一个五分的硬币呢？10枚，20枚，还是50枚？

[原理]

由于5分的硬币在我们的印象里又大又厚，所以我们总是觉得一枚一分的硬币是很轻的，但这实际上是一种错觉。如果把硬币放在天平上称一下，我们就会知道，五枚一分的硬币，就足以赶上一枚五分的硬币的重量了。

骗人的硬币

[游戏]

我们把很多硬币放在一起，你仍然会对它们有一个错误的概念。把 10 枚 10 分的硬币摞起来，它的高度相当于哪种硬币的直径大小呢？你好好想一想。

[原理]

你可能又估计错了，因为在我们的概念里，10 分的硬币要比实际厚得多。即使你把这摞硬币摆在眼前，你也不会猜对。因为实际上，它们的厚度还不如一枚一分的硬币的直径那么高。

反应时间

[游戏]

取一张纸币举在你的朋友微开的手掌上方，然后请你的朋友在纸币落下时，用手抓住。他永远不会成功。

[原理]

当眼睛看到纸币落下，它首先传给大脑一个信号，从那里再向手发出"抓住"的指令。但这都需要一定的时间。如果你自己做这个试验，那就会成功，因为下落的信号和抓住的指令是同时发出的。从认识到反应之间的时间差，称为"反应时间"。对一个汽车司机来说，在危险情况下，这个时间差是会产生严重后果的。

触觉试验

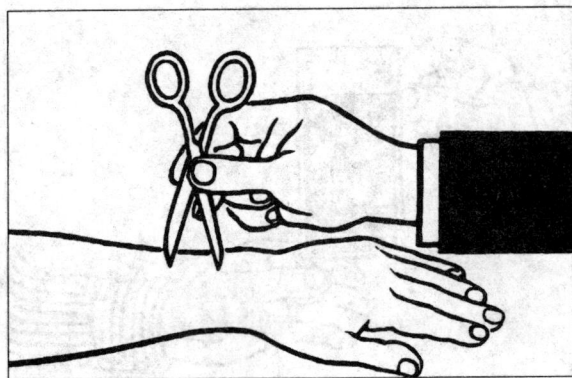

[游戏]

测试一下你朋友的触觉。请他闭上眼睛，你把剪刀打开约3厘米，用两个刀尖同时接触他的胳膊。你的朋友只能感觉到一个刀尖。你还可以在他的其他身体部位重复这个试验。

[原理]

这表明，人的触觉在不同的身体部位是不同的。背部的神经末梢，就不如面部。手上，尤其是手指尖上，触觉神经特别发达，甚至稍微打开一点的剪刀，都可以在这里感觉得到。

弯曲的道路

[游戏]

手扶住摆放在地上的酒瓶口，围绕它转三圈。然后尝试向一个笔直的目标走去，保证你走错。

[原理]

这是你内耳平衡器官把你引入了歧途。当你的头部转圈时，内耳中的一种液体开始流动，使得耳内的茸毛倒伏，并把这个过程报告给大脑，它就会使你做出相反的运动来。如果你旋转得很快，并突然停了下来，液体将继续流动。即使你这时站直身体，大脑的反应仍然像你在旋转时一样，你只能在目标前拐弯走到别处去。

误导的圆圈

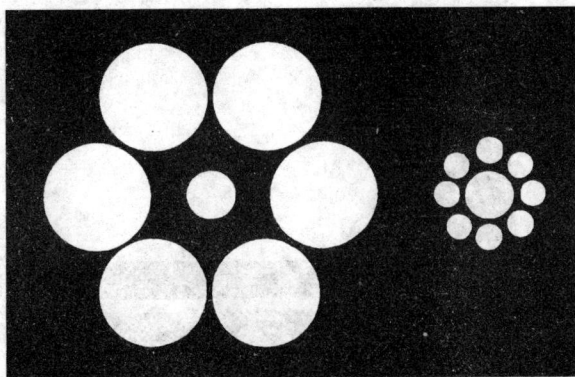

[游戏]

看一下上面的两个图形。它们中间的圆点哪个更大一些?

两个圆点一样大!在我们的下意识里,我们不仅去比较中间的圆点,而且还在比较它们周围的圆圈。因而得到的印象,似乎右边的圆点更大。

[原理]

一个类似的视觉误差,是在我们观察月亮的时候。当它接近地平线的时候,我们就把它与房屋和树木相比,因而觉得它比在高空时大得多。

疯狂的字母

[游戏]

这里是一块方格布上绣的一个名字，使用的绣线是黑白两种拧在一起的。这几个字母是直的吗？拿一把直尺去衡量一下！

[原理]

没有问题，字母都是正直的！这幅画使我们产生了一个视觉误差：拧成的绣线均是斜的，因此字母的形状在方格布背景的映衬下发生了变形，误导了我们的眼睛。

神奇的螺旋图案

[游戏]

仔细观看这幅图画。你肯定会认为，这里画的是一个螺旋。请再仔细看一遍，然后拿一把尺和一支铅笔，或者一个圆规，顺着画中的线条走一遍。

[原理]

检查的结果告诉我们，这里只是一些同心的圆圈。这就意味着，它们是围绕在同一个圆心上。一眼就看出其中的一个完整的圆圈是很困难的。眼睛在看这些线条时，总会被圆心所吸引，因为黑色背景上的隔栅具有透视效果，使各个圆圈看起来是倾斜的。

骗人的旋转

[游戏]

让这幅留声机的图画在你眼前轻微晃动，唱片就会旋转起来。

[原理]

这个错觉的旋转有很多原因。图画在晃动中不断变换光线进入的角度和视角，在眼睛中产生了不断变换的深浅不同的区域，似乎横穿在唱片之上。由于眼睛的惯性，图像留下的印象还会停留在虹膜上片刻，相互发生重叠，所以感觉上是唱片真的在旋转。

用光反射进行测量

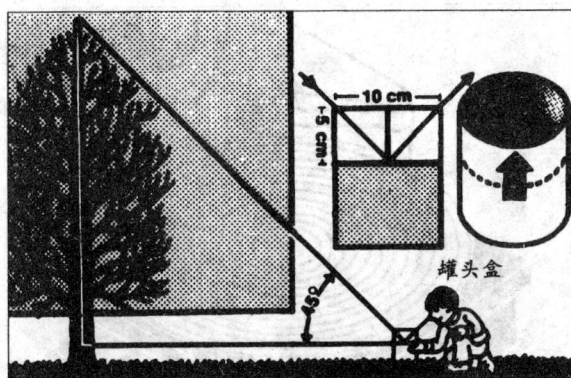

[游戏]

如果想砍伐一棵树，就应该事先知道它的树梢会落到什么地方。它的准确的尺度是很容易确定的。把一个开口为 10 厘米直径的罐头盒注水至距盒边缘 5 厘米处，然后在里面放些泥土，以便光线能够在水面反射。把罐头盒放在地上，移动到树梢的影像越过盒的前沿正好落在水面上（见箭头）。

[原理]

从树梢照射过来的光线和水面形成 45 度角，与树干构成一个直角等腰三角形。树的高度和罐头盒与树干的距离同样长。

死　角

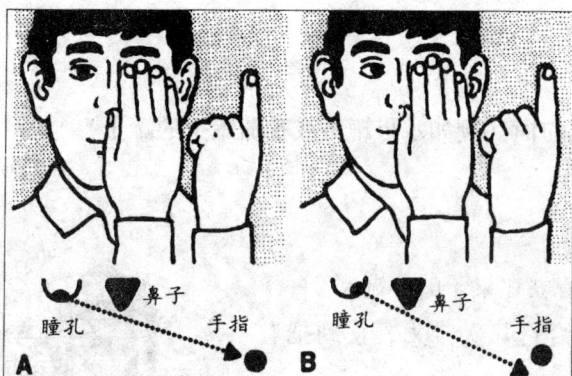

瞳孔　鼻子　手指　　瞳孔　鼻子　手指

A　　　　　　　　B

[游戏]

用右手捂住左眼，然后用右眼向前看。举起左手食指从左边面颊经过向前伸去，直到能够刚刚看到鼻梁上的手指尖为止。现在你把目光对准手指，奇怪的是它突然失踪了。

[原理]

这个现象可以用几何学来解释：直着往前看的时候，可以看到手指尖，因为右眼的视野能够越过鼻子达到那里（A）。但如果瞳孔在视角里向左转，那么视野就会发生变化，射向手指的目光被鼻子挡住了（B）。

省力地移动

材料准备

1 个圆柱状的桶（例如水果罐头或番茄罐头的罐子），1 张桌子。

实验步骤

1. 把桶正着立在桌子的一端。

2. 用指头给它几次推力，直到把它推到桌子尽头。

3. 再次把桶放到桌子一端，这次让桶的侧面接触桌面。

4. 像步骤 2 一样，也把它推到桌子尽头，比较所施推力的次数。

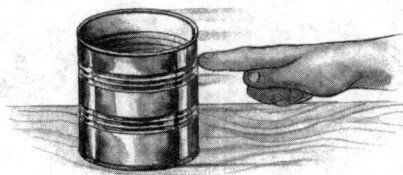

产生现象

当桶立着放置时，推它的次数要比当它侧着放时的次数多。当它倒下，并用桶侧面在平面上滚动时，每推它一下，都可以移动一大段距离。

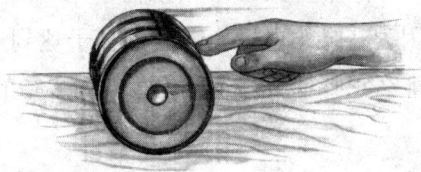

原因解答

桶的底部是平的，在桌上产生滑动摩擦。而桶的侧面是曲面，所以产生的是滚动摩擦，摩擦力显然要小很多。

相对于第一种物体受到推力几乎不怎么动的情况，第二种情况下我们用相同的推力可以使物体移动的距离更长。因此，对于推此类的沉重的桶，我们最好让它滚动。

用滚轴来移动

材料准备

1 个测力计（弹簧秤），结实的细绳，1本厚重的书，4 支圆柱状的笔，1 张实验桌。

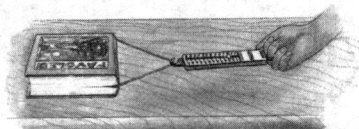

实验步骤

1. 把书放在桌子上，用弹簧秤钩着它（如上图所示）。

2. 用弹簧秤拉书，直到刚好能使它移动。读出用了多大的力。

3. 在书下面垫上 4 支圆柱状笔重复步骤2，读出在这种状态下用了多少力。

产生现象

弹簧秤显示：在书垫着笔的情况下，用的力更小。

原因解答

当一个平面在另一个平面上滑动时产生了摩擦力——一种阻碍运动的力。第一种情况下，书放在桌子上——一个平的表面上滑动，产生的摩擦（拖动摩擦和滑动摩擦）最大。第二种情况下，因为圆柱状笔与桌子的接触面可以滚动（滚动摩擦或转动摩擦），使得阻碍滑动的力变小。

生的还是熟的？

材料准备

1 个盘子，2 个鸡蛋，1 口锅，水。

实验步骤

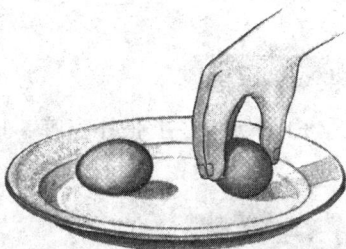

1. 请大人帮助把一个鸡蛋煮熟（差不多 8 分钟的时间）。等它冷却下来，你可以考验一个朋友，让他从两个中挑出熟的。

2. 让两个鸡蛋在盘子里打转。

3. 用指头按住蛋让它们暂停，再突然松手。

产生现象

一个保持不动，另一个又开始打转。

原因解答

又开始打转的那个是生的。由于惯性作用，尽管蛋皮被停住，生蛋里面的蛋清和蛋黄还在继续转动，所以一松手，生蛋就又被带动转起来。

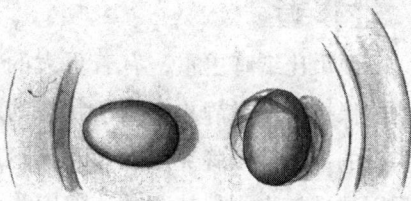

不受影响的硬币

材料准备

1 个水杯，1 张扑克牌，1 枚硬币。

实验步骤

1. 把扑克牌放在水杯上，再把硬币放在牌中央。
2. 用指尖干脆地弹出扑克，使其不跃起地水平弹出。

产生现象

扑克飞了出去，硬币却没有跟着扑克一起运动，而是掉进了杯子里。

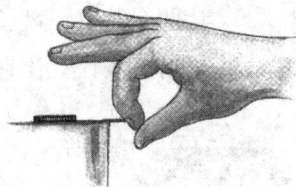

原因解答

硬币比纸牌更重，有着更大的惯性——物体保持其原来静止或运动状态的趋势。你指尖的力量使纸牌克服惯性并且运动，而硬币因惯性较大则保持不动，但因为没有了承托而掉入杯子。

水　车

材料准备

1个卷筒，1支记号笔，光面的硬纸板，剪刀，胶水，盥洗池。

实验步骤

1. 把硬纸板裁成4个长方形，长方形与卷筒同高，长是宽的2倍，用笔标出长边的中线。

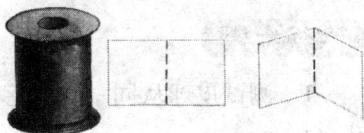

2. 沿标记线折起纸板，把折起来的一面粘在卷筒上，另一面垂直于卷筒表面。

3. 用笔沿轴穿过卷筒，然后拿着这个小水车置于水流下，使叶片垂直于水流。

产生现象

水流使小水车转起来。

原因解答

由于引力的作用，水流的重力势能在碰到叶片的时候发生转化，使粘在卷筒上的叶片运动。水车叶片获得了水的重力势能，因为水车不是竖硬且固定的，因此，重力势能发生位移，使叶片绕着固定的轴（笔）转动。

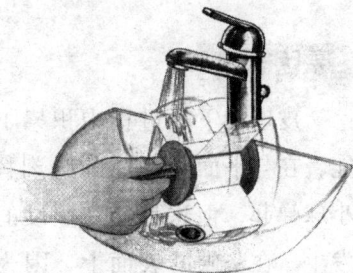

反　弹

材料准备

1个小皮球；1个铺着沙子的平面；其他的平面：大理石的，木质的，铺着毯子的……

实验步骤

1. 测试皮球从同一高度落在不同平面上的效果，观察皮球弹起的次数和反弹的高度。

2. 让皮球从不同的高度落在铺着沙子的平面上。

产生现象

皮球在木质的或大理石的表面反弹效果好；在铺着毯子的表面弹起很少；在沙子中静止并形成坑，从越高处落下，皮球形成的坑就越深。

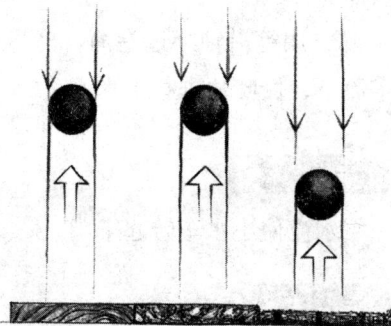

原因解答

皮球在下降过程中积累了重力势能，在与平面相碰撞的时刻释放，使小球弹起，但这只会在坚硬的表面上发生。在坚硬的表面上，因为重力势

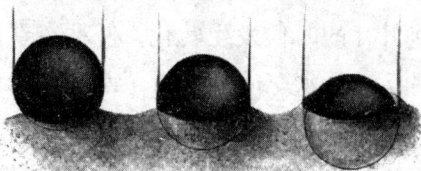

能的作用，皮球会被压扁，所以会反弹，恢复原来的形状。如果表面不是坚硬的，球的重力势能会被表面吸收，用来使自身发生位移：球从越高的地方落下，速度越快，沙子吸收用来位移的能量也就越大。

弹 簧 秤

材料准备

1 块薄木板（规格：30 厘米 × 40 厘米），1 段细绳子，1 张白纸，胶水，1 个酸奶杯子，1 根钉子，1 根橡皮筋，1 支记号笔，1 把剪刀，一些小物件。

实验步骤

1. 在大人的帮助下把钉子钉在木板上方，把木板挂在或靠在墙上，并使其保持垂直状态。

2. 把橡皮筋挂在钉子上。

3. 用剪刀在酸奶杯杯口处剪 3 个小洞，并在每个孔中穿入长约 10 厘米的细绳，把绳子的末端如上图所示打上结。

4. 把白纸贴在木板上，并使其位于橡皮筋后面，用记号笔在白纸上标出橡皮筋位置。

5. 把小物件依次装进酸奶杯时，用记号笔逐次标出橡皮筋静止时的位置。

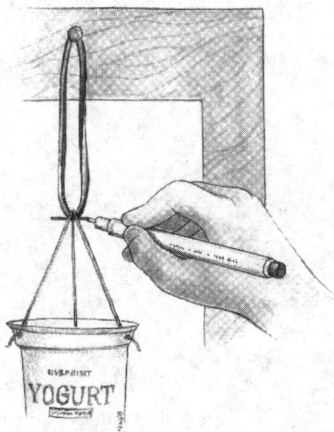

产生现象

随着杯子渐渐被装满，橡皮筋逐渐向下拉伸。

原因解答

你制作的实际上是一个弹簧秤。橡皮筋在逐渐伸长的过程中，测量出了物体所受到的重力——地球对物体施加的向下的引力。物体的重力根据地球引力的变化而变化：引力越大，物体重力越大，橡皮筋也就越长。

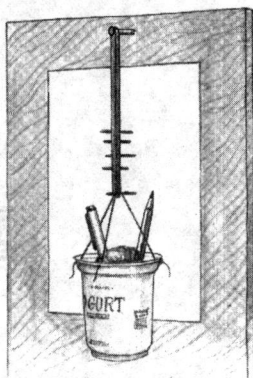

重心是高还是低？

材料准备

带盖子的四方硬纸盒，重 30 克的物品，胶带。

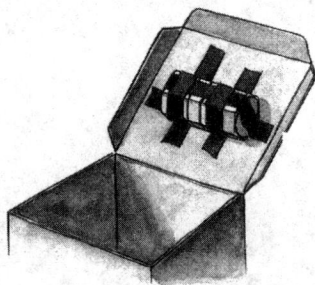

实验步骤

1. 打开盒子，用胶带在盖子上粘好重物，再盖上。

2. 把盒子放在桌面上，使盒子里的重物处于比较高的位置，然后把盒子推倒。

3. 把盒子翻过来，让重物处于比较低的位置，再推倒它。

产生现象

重物比较高的时候，用小小的推力就可以把它推倒了；重物低的时候要用比较大的推力，否则尽管盒子倾斜较厉害，还是会转回到原来的位置。

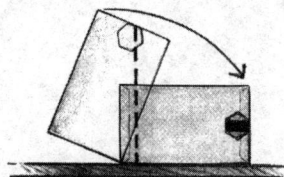

原因解答

重物高的时候整个盒子的重心也比较高，用较小的推力就可以让重心超过支撑基础的范围。

如果重物低，接近底部，为了让重心超出支撑基础的范围，让盒子失去平衡，就需要很大的推力。事实上，如果物体重心沿着支撑基础范围内的某条垂线下降，物体仍会保持平衡状态。

神奇的盒子

材料准备

1 个有盖的硬纸盒，5 个硬币，胶带，实验桌。

实验步骤

1. 把盒子放在桌子边上，然后把它渐渐推出边沿。

产生现象

当盒子的中部超出了托着它的桌子边沿，盒子就掉了下去。

2. 打开盒子，用胶带把硬币粘在盒内的一角，再盖上盖子。

3. 把盒子放回桌子上，把它渐渐推出桌子边沿，直到只剩下粘着硬币的盒子的一角在桌上。

产生现象

即使盒子的中部越过了桌子边沿，盒子也没有掉下去。只要有硬币的一角还留在桌子上，盒子就仍处于平衡状态。

原因解答

空盒子的重心在它的中部，如果重心越过了支撑的底座（桌子），盒子就会掉下去，因为重力集中在那一点。如果在一个角落粘贴硬币，重心就移到硬币这边，只要重心还在支撑物（桌子）上，盒子就处于平衡状态。

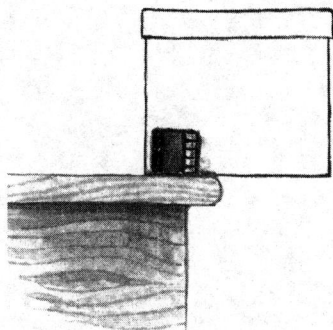

找重心

材料准备

1 根挂着螺母的绳子——铅垂线（悬在空中时位于垂直于地面的直线上），1 根钉子，1 支记号笔，1 支圆规，1 个三角板，1 个可以钉钉子的垂直于地面的平面，绳子，硬纸板，剪刀，锤子。

实验步骤

1. 用圆规在硬纸板上画一个圆，用三角板画一个矩形，再画一个不规则图形。把它们剪下来，在每个图板的边沿剪两个小洞。

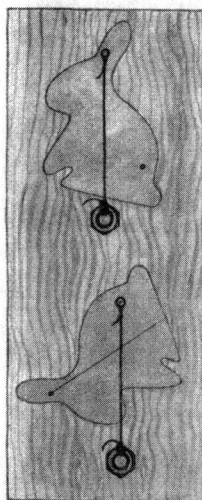

2. 请大人在与地面垂直的平板上钉好钉子，然后把剪下来的图板和铅垂线一起（穿过其中的一个小洞）在钉子上挂起来，用笔在图板上划出铅垂线所在的线。

3. 再使用另外一个小洞挂起图板，重复第 2 个步骤，同样划出铅垂线所在直线。

4. 使用同样的方法在另外两个图板上也画两条线。

5. 在每张图板上两条线的交点处剪一个小洞，然后穿过细绳，并给绳子末端打结。

6. 用这条绳子挂起图板。

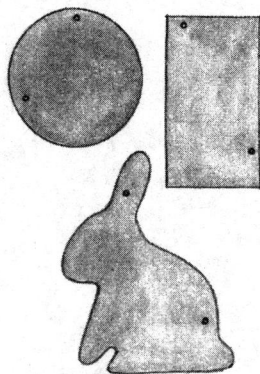

产生现象

图板不会摇晃和倾斜，保持平衡状态。

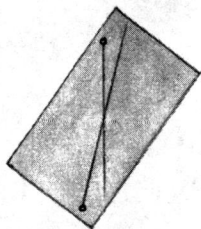

原因解答

图板上两条线的交点就是图板的重心，重心就是重力的平衡点。事实上，物体的重心就是物体受到想象中的全部重力的聚集点。如果在重心下放一个支撑物，物体也可以保持平衡，就和通过重心点悬挂重物一样。规则形态物体的重心就是它们的几何中心（平面的或立体的），而不规则形态的物体重心向较重的部分偏移。

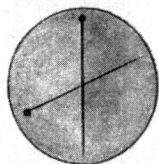

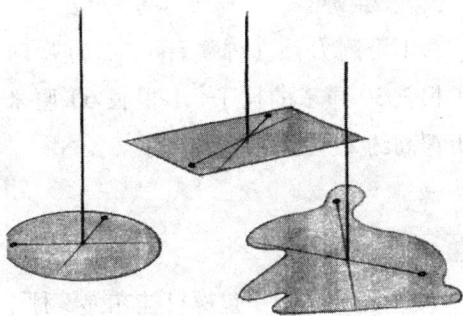

更加轻松的路线

材料准备

1 个测力计（弹簧秤），1 包弹球和螺钉，1 根长 30 厘米的尺子，1 根长 60 厘米的尺子，1 摞高约 20 厘米的书，绳子。

实验步骤

1. 用细绳把一包螺钉挂在弹簧秤上。

2. 把这包螺钉放在书的一侧，然后向上提弹簧秤，读出把它提到与这摞书同高的位置时所用的力。

3. 把 30 厘米长的尺子的一端架在书上。

4. 将这包螺钉放在尺子上，用弹簧秤沿着尺子向上拉它，从弹簧秤上读出达到这摞书顶端所用的力。

5. 用 60 厘米长的尺子重复步骤 4。

产生现象

垂直提拉物体比借助尺子来完成所用的力大；当用的尺子更长时，需要的力更小。

原因解答

　　你用尺子制造了一个斜面，就是一个长的斜坡，让你可以用更小的力经过更多的路程把物体运到高处。旋转楼梯和盘旋的山路都是利用了这样的模式：加长了路程，上到高处的时候更省力，下的时候路线也不会太陡峭。斜面也是一种简单的省力工具。

孩子的力量游戏

材料准备

1 个三棱柱，1 根长 60 厘米的木尺，1 本厚重的书。

实验步骤

1. 把三棱柱放在桌子上，然后把尺子架在三棱柱上，让三棱柱位于尺子的中部。

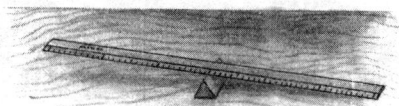

2. 把书放在尺子一段，用手压另一端。

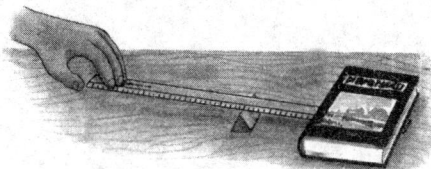

产生现象

放着书的一端仍然在桌子上，用手压另一端很难把它撬起来。

3. 把书和木尺一起移到很靠近三棱柱的地方，再用手压木尺另一端。你不费劲就把它撬了起来。

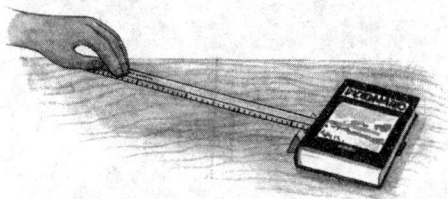

原因解答

尺子起了杠杆的作用。杠杆是一种简单的工具，通过杠杆可以不费劲地抬起重物。铁锹、钳子、起子都是杠杆。重物离支点（我们试验中的三棱柱）越近，施力点离支点越远就越省力，杠杆作用就越明显。现在你很快就能明白，如果用硬币或改锥撬铁桶的盖子，显然后者容易多了。

力的较量

材料准备

1 个塑料杯，细绳，1 个圆珠笔笔杆，剪刀，1 小卷胶带，一些弹球。

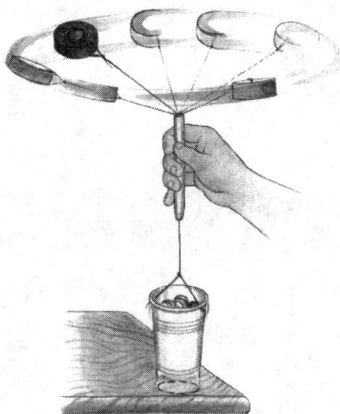

实验步骤

1. 在杯口处剪两个洞，穿入细绳，把绳子系在一起打个结，再从绳结上接一段长约40厘米的绳子。

2. 用这段绳子穿过圆珠笔笔筒，并在另一端系上胶带卷。

3. 在杯子里装满弹球，然后把它放在桌面上。

4. 握紧笔筒，让用线连着的胶带卷快速旋转。

产生现象

过了一会儿，装满弹球的杯子离开桌面向上升了起来。

原因解答

旋转的胶带卷受到了一个向外的力，即离心力，它向上拽细线，这样就克服了杯子的重力。

旋转的球

材料准备

1 颗玻璃弹球，1 个杯子。

实验步骤

1. 把弹球放入杯子。
2. 拿着杯子底部让它快速转动。

产生现象

小球转起来并顺着杯壁向上爬。

原因解答

当物体快速转动时，就会受到一个力的作用，有向外运动的趋势，这个力叫做离心力，它可以克服重力。所以，是离心力使这个小球顺着杯壁转动并爬升。离心力可以抬起公园里旋转木马上的椅子，也可以让洗衣机把衣服中的水甩出去。

3. 继续不停地转杯子。

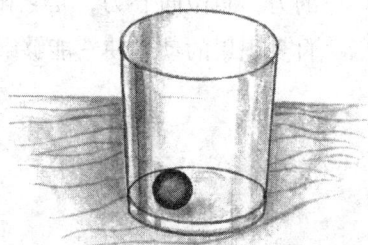

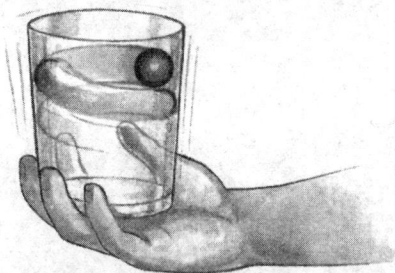

产生现象

小球从杯口沿直线飞出。

原因解答

要让物体保持旋转的状态就必须不停地给它施加一个方向不断变化的力，如果没有这个力，物体就会作直线运动。不停旋转着的杯子产生出一个朝向中心的力，叫做向心力，是它限制影响着小球的运动。当球从杯子中出来以后，自身积累的动量使它能够继续运动，但只做直线运动。

气　箭

材料准备

1个软塑料瓶，2根塑料吸管（1根粗1根细），橡皮泥，薄纸板，胶带，剪刀。

实验步骤

1. 在瓶盖上掏个小洞，插入较细的吸管，用橡皮泥固定并封好（确保空气不能从空隙中跑出来）

2. 把另一根较粗的吸管剪成两段，只用它的一半来做箭——在一端用胶带固定纸板做成的三角形，用橡皮泥捏成一个尖，安在另一端。

3. 把做成的箭套在插在瓶盖上的细管子上，向斜上方用力挤压瓶子。

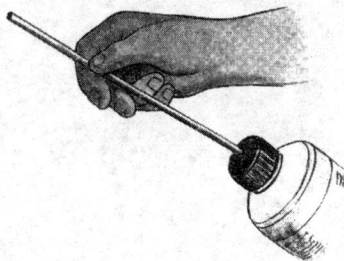

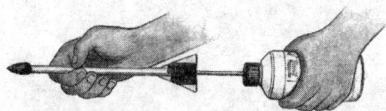

产生现象

箭在掉到地上之前已经飞出去了很远。

原因解答

瓶子里的空气被手压进了吸管中，使箭飞了出去。一旦被射出，箭就不再受空

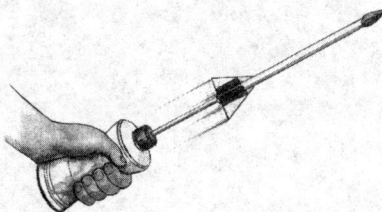

气的推力了，只受到向下的引力作用。

被射出的箭画出一段一开始朝着上方，到达一个顶点后又开始向下的弧线，我们称作轨迹。当推力变得小于重力时，箭就向下运动。

会"下楼"的弹簧

材料准备

1个弹簧，楼梯。

实验步骤

1. 把弹簧放在最高一级台阶边缘。
2. 让弹簧的上半部分向低一级的台阶弯曲。

产生现象

不需要其他外力的介入，弹簧自己下了几层楼梯。

原因解答

在从第一级台阶下来的时候，弹簧已被拉长并积累了一定的能量，为了恢复原来的状态，弹簧要收缩，而每个环都把下一个环往回拽。因此，它就向下一级楼梯运动，如此反复。

下落实验

材料准备

2 张同样大小的纸，一些扑克牌，1 把椅子。

实验步骤

1. 把其中一张纸搓成球。

2. 站在椅子上，在同一高度使纸团和纸张同时自由下落。

产生现象

纸团更快到达地面并直线落地，而摊开的纸张则慢慢地、路线曲折地飘落。

3. 在同一高度使两张扑克牌以不同的状态同时自由下落（如右图所示）。

牌面平行于地面的要比牌面垂直于地面的下降得慢。

原因解答

如果没有空气，所有的物体都会在地心引力的作用下以相同的速度直线落地。然而空气阻碍了它们的下落：物体的表面越大，受到的空气阻力就越大，下降得也就越慢，下降路线越不呈直线。

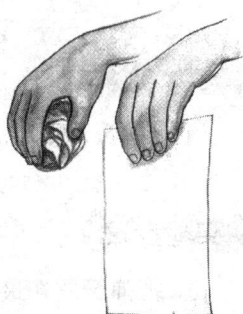

盒子里的图像

材料准备

1个没有盖的四方形盒子，1根纸板做的管子，1块放大镜，1张描图纸，1把剪刀，1卷胶带，黑色颜料，1把油漆刷。

实验步骤

1. 把盒子涂成黑色，并把它晾干。

2. 在盒子底部用铅笔绕纸管画一个圆圈，然后用剪刀沿着画线在盒子上剪一个洞，然后把纸管从洞中插入盒子里。

3. 用胶带把描图纸粘在盒口当作盒盖。

4. 用胶带把放大镜粘在纸管口上。

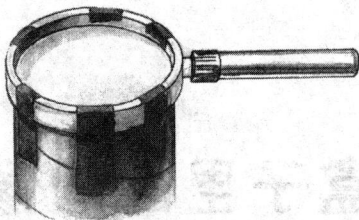

5. 把这个装置对准一件被光线充分照射的物体，将有放大镜的纸管那一端对准物体，有描图纸的那一端对准你自己。

产生现象

在描图纸上，你可以看到那个物体的图像，但是那个图像很小，而且是倒立的（通过移动纸管，你可以更加清楚地看到图像）。

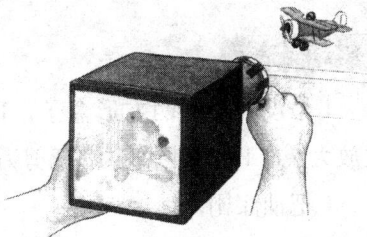

原因解答

放大镜是凸透镜，能够使光线在盒子里聚合，光线互相交叉，并在描图纸上形成一个倒立的图像。早在数千年以前，在发现人的眼睛本身并不发光这小事实之前，人们就已经发明了这种类似的盒子了。在那种盒子中，被物体反射的光线仅仅是通过一个小孔，而没有通过透镜。那时，人们对在纸上形成的图像充满了好奇。

眼睛是如何工作的?

材料准备

透明的玻璃缸（比如金鱼缸），1 盏台灯，1 张两面都为黑色的卡片，1 张白色的卡片，1 把剪刀，清水，1 间黑暗的房间。

实验步骤

1. 把玻璃缸装满水。
2. 用剪刀在黑卡片的中心剪一个小孔，并把它靠在玻璃缸上。
3. 把白色卡片放在对面，让它面对玻璃缸。
4. 把房间变暗，然后打开台灯。把台灯放在黑色卡片的前面，使灯光与小孔一样高。

产生现象

在白色卡片上出现了一个台灯的图像，但是这个图像是倒立的。

原因解答

　　台灯的光穿过黑色卡片的小孔，被玻璃缸里的水折射，水充当了透镜的作用。当被折射的光照射在白色卡片上的时候，产生了一个台灯的图像，但是是一个倒立的图像。

热量储存实验

材料准备

2 个玻璃容器，清水，1 块黑色的布，1 个温度计。

实验步骤

1. 把两个玻璃容器都装满水。

2. 用黑色的布把其中一个容器盖住。

3. 把两个容器放在阳光下，每半个
小时测量一下水温。

产生现象

被黑布盖住的容器里的水温升高得更快。

原因解答

黑布几乎完全吸收阳光，而水面却反射阳光。被黑布吸收的阳光被转化
为热量，热量把它周围的空气和它下面的水
都加热了，因此，杯里的水比在空气中要热
得多。这就是为什么在阳光灿烂的时候，如
果我们穿黑色的衣服会觉得比穿浅色的衣服
或白色的衣服更热的原因。

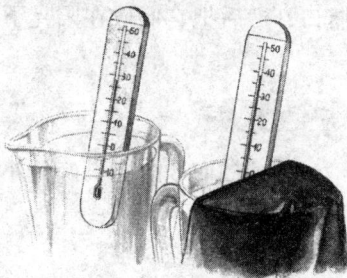

光 和 热

材料准备

1 块厚铝箔片，1 支全黑色的记号笔，1 把剪刀，1 把直尺，1 支铅笔，1 卷胶带，1 根绳子，1 个透明的大玻璃瓶，1 张比玻璃瓶口大的厚卡片。

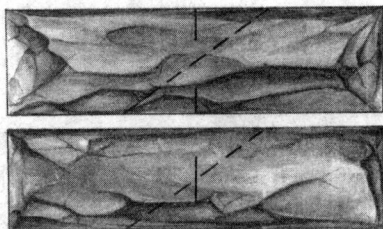

实验步骤

1. 剪两片 10 厘米 ×2.5 厘米的铝箔。

2. 用剪刀在两片铝箔上剪 4 个切口（如图中黑线所示）。

3. 用记号笔把每片铝箔的一面涂黑，然后如图中所示将铝箔折起来，使黑色的一面朝里。

4. 把其中一块铝箔卡在另一块铝箔的下面并用胶带把它们粘起来。如图中所示，将绳子穿过卡片。

5. 把铝箔放在玻璃瓶里，用卡片盖住瓶口，然后把它们放在阳光下。

产生现象

当玻璃瓶变暖时，两片小"帆"开始慢慢转动起来。

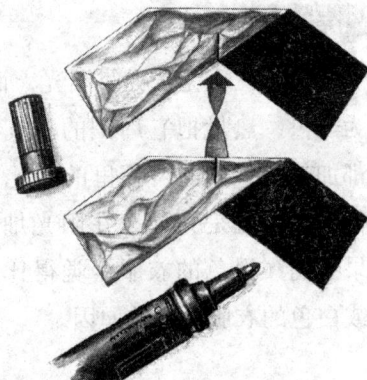

原因解答

　　"帆"的黑色的一面能够比银色的一面吸收更多的阳光，所以黑色的一面变得更热。当周围的空气被加热以后，受热的空气向外扩散，推动两片"帆"，使它们转动起来。

虚拟日出实验

材料准备

1 个透明大玻璃瓶，清水，牛奶，1 把手电筒。

实验步骤

1. 把瓶子装满水，然后再滴入几滴牛奶。
2. 如图：打开手电筒，将光线照进瓶中的水里。

产生现象

水看起来是蓝色的。

3. 把手电筒放在瓶外，由外向内照射，从另一边透过水观察手电筒的光线。

水蒙上了一层粉红的颜色，而被手电筒光照射的那部分水看起来则是黄橙色的。

原因解答

改变光束的位置以后，被牛奶加深了颜色的水形成了对光线颜色的折射。同样的道理，大气层也根据太阳相对于地球的位置来折射太阳的光线。

红色滤光器

材料准备

1 张白纸，几支彩色笔，1 张透明的红色塑料纸。

实验步骤

1. 用彩色笔在纸上画几个不同颜色的点。

2. 透过红色的塑料纸看这些在一块的点。

产生现象

整张纸看起来好像都是红色的，你只能看到那些最亮的点。

原因解答

红色塑料纸充当了一个滤光器，它只让红色的光线通过，而吸收其他所有的颜色。同样的道理，在聚光灯或者电筒前放一个有颜色的滤光器，它会吸收白光中所有的颜色——除了它自己的那种颜色。所以，被允许通过的光的颜色与它的颜色一致。

墨水里的颜色

材料准备

1 瓶有颜色的墨水，或者是几支不同颜色的签字笔（包括黑色）；1 个大平底碟子；清水；长 20 厘米、宽 2~3 厘米的白色卫生纸条。

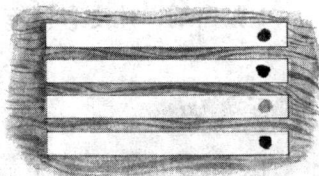

实验步骤

1. 在每张纸条上距离末端大约 2 厘米的地方滴 1 至 2 滴墨水，或者用签字笔在纸上弄一个墨水点。

2. 在碟子里倒少量清水，把纸条（一次一张）的末端浸入水中，直到水浸湿墨水点为止。

产生现象

清水变脏了，而那些墨水点，包括那个黑墨水点，分成了各种不同的颜色。

原因解答

水溶解（也就是分解）了色素。颜色不同，其色素在水中穿行的速度也不同。也就是说，颜色分解后，各种颜色开始反射各自的颜色。这个实验能够让你了解构成墨水和签字笔墨水的最主要的颜色是什么？哪些是只由一种颜色构成的？

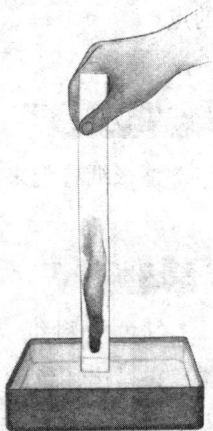

光线"反弹"

材料准备

1个四面平滑的透明容器，清水，少量牛奶，1支手电筒，1张黑色纸板，1把剪刀，1卷胶带，1本书，1间黑暗的房间。

实验步骤

1. 将容器装满水，然后加上几滴牛奶（牛奶使光线更容易看清）。

2. 在黑色纸板的中心钻一个小孔，然后用胶带把纸板粘在手电筒的镜片上。

3. 在黑暗的房间里，打开电筒，并如图中所示，使灯光落在水面上（你可能会发现，如果把容器放在一本书上会有些帮助）。

产生现象

当光照射在水面时，会发生弯曲并从容器的另一面射出，这样光线便形成了一个角度。

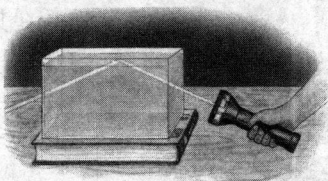

原因解答

光线沿直线射入容器。水面充当了镜子的作用，反射了光线。反射改变了光线进入容器的直线路径。而光线为了保持沿直线传播，改变了方向。

119

做一个潜望镜

材料准备

1 张 32 厘米 ×50 厘米的硬纸板；1 把剪刀；1 卷胶带；2 面小手袋镜，6 厘米 ×10 厘米；1 把尺子；1 支铅笔；2 张边长为 6 厘米的正方形纸板。

实验步骤

1. 用尺子把长方形纸板分成四个相等的长方形，宽均为 8 厘米。然后再如图所示，画两个边长为 6 厘米的正方形。最后，把这些图形都剪下来。

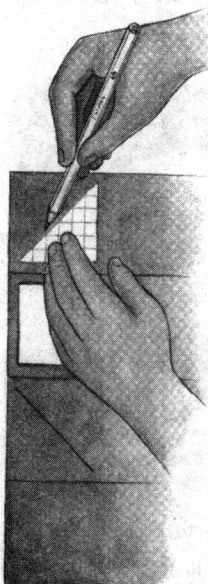

2. 把边长为 6 厘米的正方形沿对角线剪成两个直角三角形。

3. 如图所示，把三角形放在最上面的纸板上，用铅笔沿三角形的对角线画一条线，并沿这条线剪一个切口，然后在其他几张纸板上重复这些步骤。最后，把纸板折叠成形，并把几条边用胶带粘起来。

4. 把两面镜子穿过两个切口。

5. 站到一个障碍物（比如一堵墙，或者一个窗台）后面，让潜望镜高于障碍物，然后从潜望镜下方的正方形开口往里看。

产生现象

在潜望镜里面的镜子里，你可以看到障碍物后面所有物体的反射图像。

原因解答

从障碍物后面的人或者是物体上反射回来的光线反弹到潜望镜顶端的镜子上。由于这面镜子放置的角度关系，使得光线被反射到底端的镜子上。你可以利用你的潜望镜来观看那些看不到的东西——就像潜水艇中的船员一样，他们不用浮上海面就可以观测到海面的情况！

镜子对镜子

材料准备

2 面平面镜。

实验步骤

1. 看着镜子，挥动手臂。

产生现象

你在镜子中的映像完全相反：如果你挥动的是右手的话，那么镜子里的映像看起来是在挥动左手。

2. 把两块镜子按一定角度放在一起，然后站在两块镜子中间。

3. 挥动手臂。

现在你在镜子中的映像就对了：你挥动右手，那么镜子中的映像也是挥动右手。

原因解答

当从你身体发出的反射光线碰到你面前的镜子后，会直接反射回来，造成了一个相反的图像。但是，当你面对两面镜子时，每一面镜子都反射来自另一面镜子的相反的反射，因此最后的反射图像变正了！

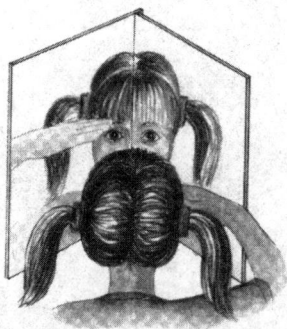

真实的反射

材料准备

1 张硬的黑色纸板，1 面正方形或长方形的镜子，1 把剪刀，1 只手电筒，1 间黑暗的房间。

实验步骤

1. 如图所示把纸板折起来，然后在其中的一面上剪 3 条缝。

2. 在黑暗的房间内，打开手电筒，把它放在 3 条缝的后面。

3. 如图所示，把镜子放在纸板的另一端。

产生现象

当光线照射在镜子上时，每一道光线都以特定的角度反射回纸板。

原因解答

镜子以跟光照射镜子的相同方式和相同角度（入射角）把光反射回去了。如果光线垂直照射在反射面的话，就会沿着原来的路径反射回去。如果光照射在一个光滑的面，那么它将以平行的方式反射——也就是说，所有的反射光线都沿相同的方向反射。如果反射面十分粗糙，那么光线的反射就会互相交错。

从黑暗到光明

材料准备

1 间装满各种东西的房间（比如储物间）。

实验步骤

1. 进入这间黑暗的房间，向房间四周看看。

2. 把门打开一点点，稍稍放进来一点灯光，然后向四周看看。接着，慢慢地把门缝开大，直至门完全打开，再看看房间四处。

产生现象

当房门关闭时，你的眼睛看不到房间中的物体。把房门打开一条缝，借助一小束光，你开始能够分辨房间里的物体。渐渐地，随着越来越多的光线进入房间，你最终可以看清房间内所有的东西了。

原因解答

物体只有通过光的反射才能够被看见。也就是说，我们只有通过反射到我们眼中的光线才能够看见物体。明亮的物体反射大量的光线，而暗色的物体吸收大量的光线，只反射很少的光线。所以我们需要很多光线才能看清楚暗色的物体。

闪亮的白纸

材料准备

1 张白纸，1 张黑色的纸，1 只手电筒，1 面镜子，1 间黑暗的房间。

实验步骤

1. 在黑暗的房间中，打开手电筒，站在镜子前。

2. 把手电筒举到你的脸部侧面，使手电光线照射在你的鼻子上。

3. 用另一只手举起黑纸在脸的另一侧，然后再举起白纸。在这个过程中要一直看着镜子。

产生现象

如果只用手电筒，手电光只能照亮你的鼻子。而加上黑纸的话，你的脸部反射几乎完全模糊。如果用白纸的话，那么几乎你的整个脸部都被照亮了。

原因解答

只用手电筒的时候，光线只从它所碰到的物体——你的鼻子反射回来。而有了纸的帮助，反射的效果则取决于纸的颜色黑色的纸几乎不反射照在自己上面的光线，而白色的纸则反射大量的光线。因此，照在白纸上的光线被反射回到脸部，把几乎整个脸都照亮了。

物体的透光性

材料准备

1 张白纸，几滴油，1 个吸管，1 支手电筒，1 间黑暗的房间。

实验步骤

1. 用吸管在纸上滴几滴油。
2. 把纸放在手电筒和墙壁之间。
3. 打开手电筒，照射纸上有油的区域。

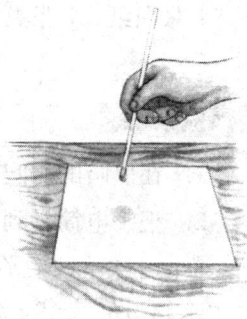

产生现象

当你把手电照射在有油的区域时，光线穿透这个区域，并照射在墙上，该区域比其他部分更明亮。

原因解答

纸阻挡了大部分的手电光。油穿透了纸的纤维，造成了一些透明的（可看透的）小缝隙，让光线能够通过。但是如果用水，情况就不一样了，因为水很难穿透多数纸的纤维。

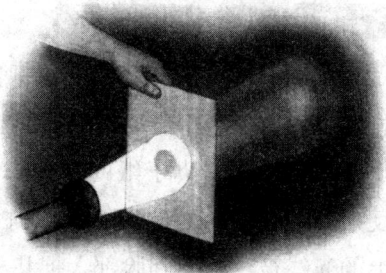

穿过或不穿过

材料准备

1 支手电筒，1 本书，1 个不透明杯子，装有一点点水的玻璃杯，1 片薄玻璃片，1 张薄纸，1 张手帕，1 张面巾纸，1 间黑暗的房间。

实验步骤

1. 把所有物品都排放在墙壁前，用手电按顺序照射这些物体。

产生现象

在杯子和书的后面形成了影子，而在玻璃杯和薄玻璃片的后面，墙壁被照亮了。在面巾纸和手帕的后面，则形成了一个模糊的光晕。

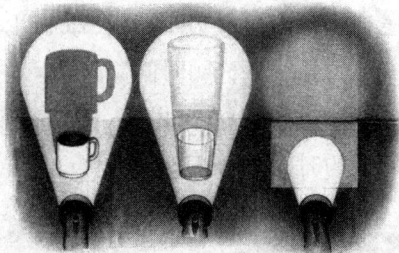

原因解答

杯子和书是不透明物（看不透），所以阻挡了光的传播。薄玻璃片和水都是透明物（能够看透）。像薄纸和手帕这一类的东西都是半透明物（可以让一些光线通过），所以它们只是阻挡一部分光线，而没有被阻挡的光线则向外发散，微微地照亮墙壁。

花园日晷

材料准备

1个直径约为 20 厘米的圆形纸板，1 根长为10 ~ 15 厘米的小棍，1 把剪刀，1 支铅笔，1 只手表，1 条整天都有太阳照射的小路。

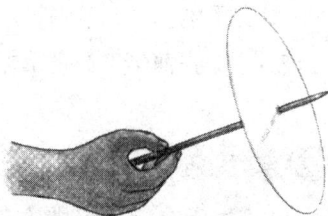

实验步骤

1. 在纸板的中心钻一个小孔，把小棍的1/3 穿进小孔。把小棍插在土里，使纸板固定在地面。

2. 随着时间的变化，每隔一段时间都用铅笔在纸板上标记出阳光在纸板上投下的影子，并在每条线旁标明时间。

3. 每隔 1 小时做一个标记，记得写下每个影子的时间。

产生现象

每隔1小时小棍子投下的影子的位置都不相同；铅笔所画的线从小棍子向纸板的四周发散。

原因解答

小棍子的影子的位置看起来随着太阳的位置的变化而变化。但是事实上，是因为地球在匀速转动——要么是朝向太阳，要么是远离太阳。

在这个实验中，你制作了一个日晷。日晷曾经被当做测量时间的工具。现在，在一些老房子的墙上或者古老的广场和花园的地上，我们仍然可以看到日晷。

颜色混合

材料准备

2支手电筒；2张透明的塑料薄膜（1张红色，1张绿色）；2根橡皮筋；1张白色硬卡片；绿色、红色、黄色和蓝色颜料；1把油漆刷；1个碟子。

实验步骤

1. 用橡皮筋把两张塑料薄膜分别绑在电筒上。
2. 打开电筒，照射白色卡片，使两道光束的一部分重叠。

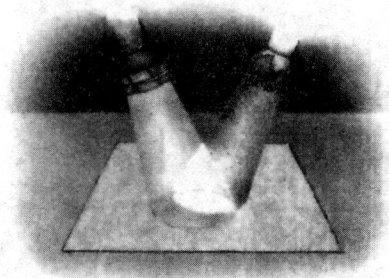

产生现象

两道光束重叠的部分看起来呈黄色。

3. 用油漆刷把相同量的红色和绿色颜料放在碟子里混合。
4. 把油漆刷洗干净，然后把相同量的黄色和蓝色颜料放在碟子里混合。

红颜料和绿颜料混合后，产生了一种像栗色的颜色，而黄色和蓝色颜料混合后则产生了绿色。

原因解答

太阳光的三原色——绿色、红色和蓝色，如果两两混合，就可以制造出其他所有的颜色（合成色）。三原色的色素（用于涂料、清漆、墨水等等）为洋红色、青色（蓝绿色）以及柠檬黄色。将光的三原色聚在一起，我们能够得到白光；而所有的这些颜色，加上三原色色素混合，我们就能够得到一种非常暗的颜色，几乎就是黑色。

彩虹的颜色

材料准备

1 把手电筒，1 个长方形的浅容器，1 面平的镜子，1 张白色的硬卡片，清水。

实验步骤

1. 把容器装满清水。
2. 把镜子放在水里，然后把它倾斜一个角度，轻轻地靠在容器的短边上。
3. 打开手电筒，照射镜子的水下部分。
4. 把白色的卡片放在镜子前面，以捕捉镜子反射的光。

产生现象

白色的卡片所捕捉到的反射光具有彩虹的颜色。

原因解答

镜子在水里的反射光从水里出来的时候经过了折射。但是合成白色光线的颜色并没有在同一个角度发生折射，所以它们在不同的点上分开了，并且可以被人眼看见。

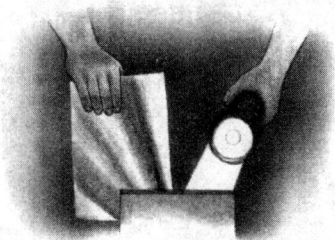

彩色的旋转陀螺

材料准备

1 张白色的硬卡片，1 支削尖的铅笔，1 个量角器，几支彩色笔，1 个几何圆规，1 把剪刀。

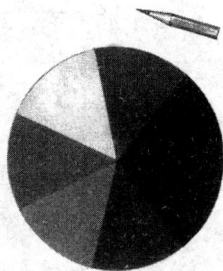

实验步骤

1. 以 5 厘米为半径，用圆规在硬卡片上画一个圆，然后用剪刀把这个圆剪出来。

2. 用量角器把圆平均分为 7 个等份，每个角大约 51 度。

3. 依照下面的顺序在卡片上涂上这些颜色：红色、橙色、黄色、绿色、蓝色、靛青色，以及紫色。

4. 把铅笔从圆的中心点穿过去，笔尖朝下。

5. 像一个陀螺那样旋转这个圆。

产生现象

随着陀螺的旋转，所有的颜色都无法辨别出来，那个圆看起来几乎是白色的。

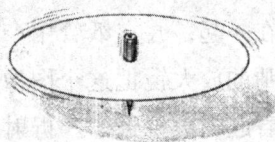

原因解答

随着陀螺的飞速旋转，你涂在卡片上的 7 种颜色都变得混合在一起，产生了一种白色的颜色。

制作一架简单的望远镜

材料准备

2 个放大镜，2 根不同直径的纸管，1 卷胶带。

实验步骤

1. 把一个纸管套在另一个纸管中，用胶带在纸管的一端粘一面放大镜。

2. 眼睛靠近粘着放大镜的一端，一只手拿着另一只放大镜放在纸管的另一端，透过纸管观察月亮。通过拉伸和缩短纸管来获得一个清晰的图像。

产生现象

透过粘着的那个放大镜，你能够得到一个拉近了的月亮的图像，但是这个图像是上下颠倒的。

原因解答

末端的放大镜使得月亮的光线聚合在一起，并在纸管中产生图像。靠近眼睛的放大镜把这个图像放大，使得月亮看起来被拉近了。折射望远镜的工作原理也是一样的，但是为了得到一个不是上下颠倒的图像，它们的体积更为庞大。

近在眼前的月亮

材料准备

1 面凹面镜（比如刮脸镜），1 面平面镜，1 个放大镜，1 扇窗户。

这个实验必须要在晚上进行，透过窗户要能看到月亮。

实验步骤

1. 把刮脸镜放置在窗户前，朝向月亮。

2. 站立在窗前，慢慢地把平面镜转向自己，使你看到反射在刮脸镜中的月亮的图像，然后透过放大镜观看平面镜里的月亮。

产生现象

在平面镜里，月亮看起来更近了，而且你可以用放大镜让月亮看起来更大。

原因解答

凹面镜反射并拉近了月亮的图像。由于平面镜的镜面不是弯曲的，因此它真实地反射了月亮的图像，并通过放大镜将它反弹回去，使得图像被放大。放大镜的工作原理也是如此，即利用光的反射性。

光的聚集和发散

材料准备

上一个实验使用过的鞋盒，1 把剪刀，1 个凸透镜（表面向外凸），1 个凹透镜（表面向内凹），1 张白纸，1 支手电筒，1 间黑暗的房间。

实验步骤

1. 用白纸将鞋盒的底面盖住。
2. 用剪刀在鞋盒的底面剪一个能放下一个凸透镜或凹透镜的切口。
3. 把凸透镜放在切口中。在黑暗中，打开手电筒，从短边上的 3 个切口照进去。
4. 重复第 3 步，这一次使用凹透镜。

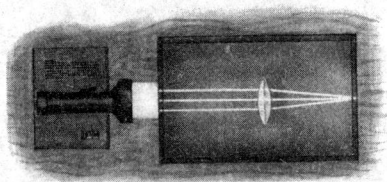

产生现象

通过凸透镜的光线改变了方向，并在一个点相交，而通过凹透镜的光线则各自发散开去。

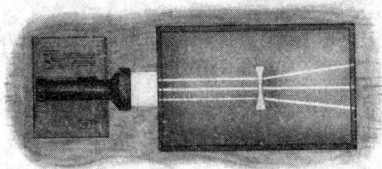

原因解答

两种透镜的不同形状造成了不同的折射角度。凸透镜让光线靠近，根据物体距离透镜的远近，它的这一特性可以被用来放大或缩小物体的图像。而凹透镜则使光线发生分离。如果把凹透镜放在眼睛和物体之间，可以使物体看起来变小。

光线相交

材料准备

1 个鞋盒，1 个玻璃杯，清水，1 支手电筒，1 支铅笔，1 把直尺。

实验步骤

1. 在鞋盒的短边上剪 3 个宽 1 厘米的切口。

2. 在玻璃杯里装满清水，放在鞋盒里面，与 3 个切口对齐。

3. 在黑暗的房间里，打开手电筒，照射在 3 个切口上。

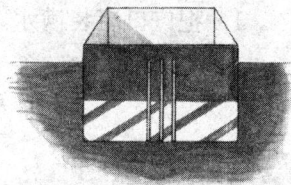

产生现象

在通过玻璃杯里的水之前，3 道光线是相互平行的。但是通过玻璃杯以后，3 道光线在一个点上相交了（为了达到这个实验结果，你可能需要移动玻璃杯）。在这一点上，光线相交后变得更加明亮了。

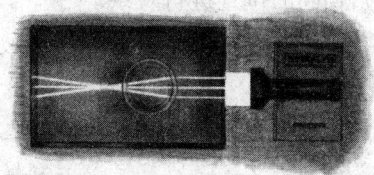

原因解答

玻璃杯弯曲的表面和玻璃杯里的水使，光线发生了折射，让它们彼此相交，然后再分开。

被水放大

材料准备

1个圆形玻璃广口瓶，1张印有图案的纸，1根吸管，清水。

实验步骤

1. 把广口瓶装满水，将吸管放进去，使它保持直立，然后从水面仔细观察。

产生现象

吸管位于水下的部分看起来变粗了。

2. 把吸管从水中拿出来，然后把有图案的纸放在广口瓶的后面。从与刚开始相同的位置进行观察。

纸上的图案看起来好像被放大了。

原因解答

在从水到空气的传播过程中，光线发生了折射（方向改变）。如果分隔物（比如一个广口瓶或者一个玻璃杯）的表面是弯曲的，那么，折射会使物体看起来比原来大。

光线被折断

材料准备

1个玻璃杯，清水，少量牛奶，1根吸管，1支手电筒，1间黑暗的房间。

实验步骤

1. 把玻璃杯装满清水，然后加少量牛奶，使清水变得浑浊。

2. 在黑暗的房间里，打开手电筒，从玻璃杯上方照向底部，让光线在水面发生弯曲。

产生现象

手电光进入水中以后改变了方向。

3. 现在，把玻璃杯里的水倒掉，换上清水，然后将吸管放入水中。

产生现象

吸管看起来好像从入水的地方折断了。

原因解答

当光线从空气中进入水中，并且通常是从一种透明的物质进入另一种物质的时候，速度会发生改变，同时造成方向的改变。我们把这种现象叫做"折射"。折射能使物体的位置看起来不在它实际所在的位置上。这就是为什么吸管位于水下的部分看起来好像与水上的部分断开了。

发光的"喷水机"

1个透明的软塑料瓶，1根透明的薄塑料管，1个碗，一些黏土，1卷胶带，1块厚的暗色布料，1间黑暗的房间，清水，1把剪刀。

实验步骤

1. 将塑料瓶装满清水。

2. 请一位成年人用剪刀在塑料瓶的瓶盖上钻一个小孔，然后把塑料管穿进去，最后用黏土把塑料管固定住。

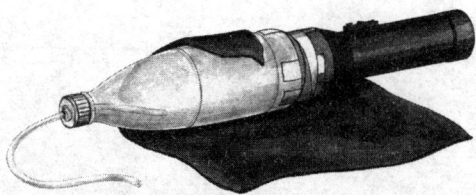

3. 用胶带把手电筒粘在塑料瓶的瓶底，打开电筒，然后用厚布把它们整个都裹起来，只把塑料管露在外面。

4. 在黑暗的房间里，小心地放置塑料瓶，使瓶子里的水顺畅地流入碗里。

产生现象

一股发光的水从塑料瓶里喷了出来。

原因解答

　　光线顺着水穿过了弯曲的塑料管。在塑料管里，光线无法弯曲，但是不断被管壁反射。由于被困在塑料管中，所以光线以之字形的路线向前前进。这种现象叫做"全内反射"。

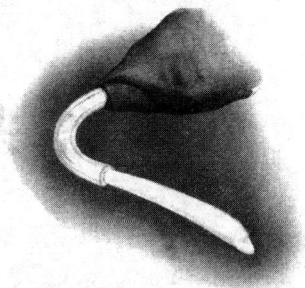

挡住光线

材料准备

1 支手电筒，1 盏台灯，1 张黑色的卡片，1 把剪刀，1 卷胶带，1 个小棍子，1 间黑暗的房间。

实验步骤

1. 把黑色的卡片剪成你喜欢的任意形状，然后用胶带把它粘在小棍子上。
2. 把卡片举着放在手电光和墙壁之间。
3. 首先，把卡片靠近手电光，然后使它向墙壁靠近。

产生现象

卡片离手电筒越近，墙上的影子越大；卡片离手电筒越远，墙上的影子越小。

原因解答

当一个物体阻挡了光线直线传播的路径，就会在那个物体的后面形成一个影子。物体离光源越近，它阻挡的光线就越多，因此它的影子也就越大。相反，如果物体离光源越远，它阻挡的光线就越少，那么它的影子也就越小。

4. 打开台灯，使光线照在卡片上。

产生现象

与开始相比，影子的轮廓变得更加模糊。

原因解答

当光源比物体大的时候，形成的影子中间黑、四周淡，因为只有部分光线能够到达四周。影子里最黑的部分叫做本影，而较淡的部分则叫做半影。

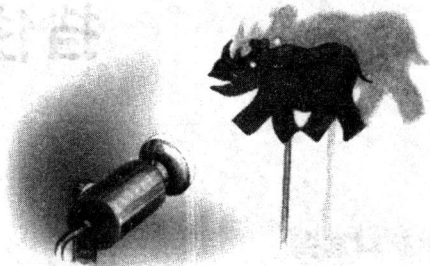

照在地球上的光

材料准备

1个地球仪，1盏可以移动的灯，1间黑暗的房间。

实验步骤

1. 把光直接对准地球仪。

2. 把地球仪向下移，从上到下，然后从一面到另一面，始终使它处于光的照射中。

产生现象

只有朝向光源的那一部分地球仪被照亮了，而且不管你怎么拿，这一部分的反面总是处于黑暗中。

原因解答

光线沿直线传播，它们不能绕过一个物体并弯曲，照亮我们看不到的那一面。这就是为什么太阳只能照亮地球朝向它的那一半，而背向太阳的另一半则是黑暗的。

沿直线传播

材料准备

2 张正方形纸板，1 支手电筒，2 张长方形纸板，几本书。

实验步骤

1. 首先，分别在两张正方形纸板的中心钻一个孔。如图中所示，通过折叠长方形纸板和在长方形纸板上剪切口来支撑正方形纸板。

2. 把正方形纸板竖立起来，并使两个小孔对齐。把手电筒放在书上，使手电光对准第一块正方形纸板上的小孔。你可以蹲下或坐下，以使你的视线与第二块纸板的小孔平齐。

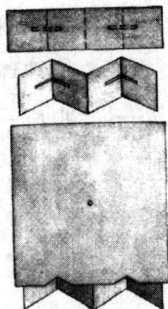

产生现象

你可以看到光线穿过了两个小孔。

3. 移动一块纸板，使两块纸板不再对齐。

你看不到光线了。

原因解答

光沿直线传播。如果光找不到传播路径的终点，就无法穿过那个小孔。

分离溶液

材料准备

一些速溶咖啡，1个炖锅，1个勺子，1个火炉，水，1根火柴。

实验步骤

1. 请大人帮你把水煮沸，然后倒入杯中，并往杯中加一勺咖啡。

2. 取一个勺子（一定要干燥而且冰凉），把勺子举在升腾的热气中。

产生现象

过一会儿，勺子上会形成水滴，等到水滴冷却时尝尝它的味道。这些水滴是淡水，不是咖啡

原因解答

水受热蒸发，但咖啡不会蒸发，水蒸气接触冰凉的勺子时凝结成小水珠。你还可以用清水和盐做这个实验，但是凝结而成的水总是淡水。

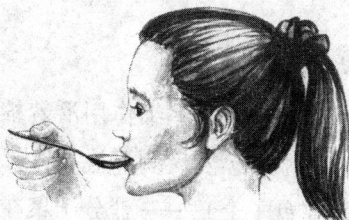

盐 晶 体

材料准备

盐，2 个杯子，1 段棉线，1 个小盘子，1 个勺子，水。

实验步骤

1. 往两个杯子中倒入冷水。

2. 往杯子中加盐，直到盐不能溶解为止。

3. 把棉线的两端放进两杯水中，将两个杯子连起来，然后将盘子放在杯子间棉线的正下方。

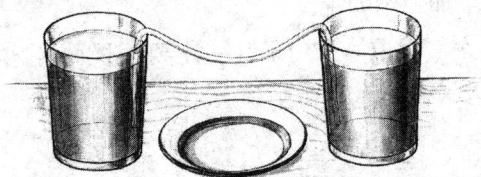

产生现象

大约 1 天以后，棉线和盘子上出现了盐晶体。

原因解答

盐水因为毛细作用沿着棉线上升。棉线内的水分蒸发后剩下盐晶体（一些盐晶体会落在盘子上）——盐分子聚在一起，以特殊的几何体排列。

饱足和

材料准备

2 杯水，1 个茶匙，蔗糖，热水和冷水。

实验步骤

1. 往一个杯子中倒半杯冷水。

2. 往杯中放糖，直到糖不能消失在水中并沉入水底时停止加糖。数一数总共放进几茶匙糖。

3. 往第二个杯子里倒半杯热水。

4. 重复第二步。

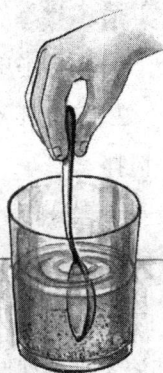

产生现象

与冷水相比，热水能够溶解更多的糖。

原因解答

当水不能溶解更多的糖时，我们称为溶液饱和。由于热量的原因，水分子能够吸收更多的糖分子，我们把通过这种方式得到的溶液叫做过饱和溶液。当溶液冷却后，我们能够看到热水溶解的多出的糖重新出现在水中。

溶解还是不溶解

材料准备

7个小杯子（透明的）；水；茶匙；少量的盐、沙、糖、冰、蜂蜜、米、咖啡豆和速溶咖啡。

实验步骤

1. 往杯子里加满水。
2. 每个杯子里放1茶匙准备的物质，然后小心搅拌。

产生现象

一些物质（糖、盐、蜂蜜和速溶咖啡）能够溶于水，并使水着色；其他物质（沙、米和咖啡豆）则不能溶解，在搅拌过程中它们悬浮在水中，搅拌停止后沉到杯底。

原因解答

对于能够溶于水的物质（好像消失在水中一样），水分子能够渗入这种物质的分子之间，并把它们分开，这时我们就得到一种水溶液——可溶物质不会在水（溶剂）底形成一层沉淀。但是如果水分子不能够渗入某种物质的分子之间时，这种物质就不会溶解，并且在水中清晰可见。

冰在水中融化

材料准备

1 个玻璃杯，热水，冰块。

实验步骤

1. 往杯中加热水，直到加到快到杯口的位置。

2. 往杯中加一两块冰块。问问身边的朋友们，看他们是否认为当冰块融化时水会溢出来。

产生现象

水面没有发生任何变化。

原因解答

液体水比其固体状态所占空间少。所以，当冰块融化时，水没有溢出来。

固 体 水

材料准备

1 个带盖的玻璃杯或者塑料杯，水，冰箱。

实验步骤

1. 首先，把杯子装满水。
2. 然后盖上盖子，但是不要拧紧。
3. 将杯子放进冰箱，等到水结成冰时取出。

产生现象

水变成了固体，升到瓶口外，将瓶盖顶了起来。

原因解答

当水变成冰时，体积变得比液态时大，瓶子装不下了。如果我们往冰箱里放一个盖紧的装满水的瓶子，冰的压力有可能会把它挤碎。饮用水和暖气系统的水管道在冬天一定要做好防寒措施，否则管道中的水结冰后会使管道破裂。

无源之水

材料准备

1 个玻璃杯，冰箱。

实验步骤

1. 保证玻璃杯完全干燥，然后将杯子放进冰箱。
2. 30 分钟后取出杯子。

产生现象

杯子上立刻出现了雾气，玻璃杯壁上很快形成了小水珠。如果你用手摸杯子，能够感觉到很潮湿。

原因解答

在冰箱里，杯壁非常冷。当杯子拿到空气中时，杯壁周围的空气被冷却，空气中的水蒸气变成小水珠，并在杯壁上形成雾气。冬天我们往车窗上呼气会形成雾气，那是因为我们呼出的气体中含有大量的水蒸气，它一接触到身体外的冷空气就会凝结成小水滴。

肥皂船

材料准备

1个水盆或水池，1张卡片，剪刀，肥皂水，水。

实验步骤

1. 往水盆或水池中加水。

2. 用剪刀将卡片剪成三角形。当水面平静后，把剪好的三角形放在池角或盆边，朝向水面中心。

3. 将指尖沾上肥皂水，把指头轻轻放入三角形后面的水中。

产生现象

三角形向对面漂了过去。

原因解答

开始三角形不动，因为它四面都受到水分子的吸引。肥皂水降低了三角形后面的水的表面张力，三角形前面的水的表面张力仍然很强，因此就能将三角形拽向前方。（若想重复实验，先换掉盆中的水）。

水中的小孔

滑石粉，水，肥皂水，1个水池或水盆。

实验步骤

1. 在水池或水盆中灌入水。
2. 把滑石粉撒在水面上。
3. 将手指插入水中，就像在水面上打孔一样。

产生现象

滑石粉会体现水的表面张力。因此，当你将手指插入水中时，水的表面张力会使"小孔闭合"。

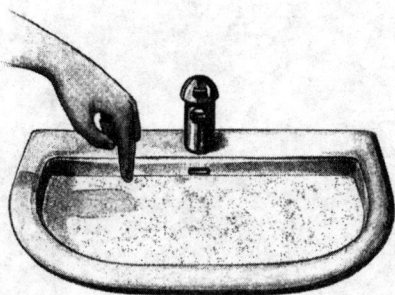

原因解答

水的表面张力很强，当你将手指插入时，水面只是暂时被穿破。

4. 将指尖沾上肥皂水（注意别让肥皂水滴入盆里的水中），将沾上肥皂水的手指靠近水池或水盆边缘插入水中。

5. 用沾了肥皂水的指头在撒了滑石粉的水面钻孔。

产生现象

你第一次将沾了肥皂水的指头伸入有滑石粉的水中时，水面的滑石粉会散开。但从第二次开始，手指就能在水面留下小洞。

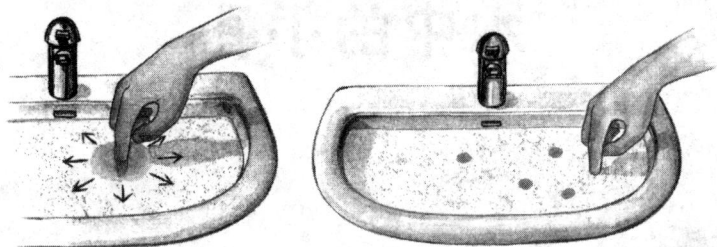

原因解答

肥皂水会降低你手指钻入处水的表面张力，而水面其他地方张力仍会很强，紧紧地吸住滑石粉。水面上产生的小孔不会合上，因为小孔处的肥皂水使水分子不能结合，水面也无法恢复到以前的状态。如果你想重复实验，你需要把水换掉。

隔 水 膜

材料准备

手绢，皮筋，杯子，水。

实验步骤

1. 把手绢浸入水中，然后拧干。

2. 往杯中倒满水。

3. 把手绢充分展开罩在杯口上，用皮筋紧紧地扎住。

4. 把杯子快速翻转过来。

产生现象

杯中的水被手绢挡住，就好像手绢不透水似的。

原因解答

手绢被弄湿后，纤维间都充满了水。水的表面张力使湿手绢变成一层不透水的隔膜。类似的例子还有：湿头发会粘在一起；湿沙子可用来雕塑却不会坍塌。这都是因为纤维或颗粒间的空隙被水填满，并相互联结在一起。

水上漂浮

材料准备

镊子，针，杯子，水。

实验步骤

1. 往杯中加满水。
2. 用镊子夹住针，将针轻轻地放在水面上。

产生现象

针漂浮在水面上（针也可能沉入杯底，多试几次，你必须将针轻轻地水平放下）。

原因解答

水面的水分子会形成一种膜，能够支撑住较轻的物体。这种使水分子联结在一起的力量叫水的表面张力。当你倒了满满一杯水，仔细观察水面，你会发现，沿着杯口，水面向上微微鼓了起来，构成一个曲面，这正是水的表面张力的作用。它紧紧拉拽着水面，就如同一个袋子般装着水。如果水很少的话，水的表面张力就使水形成圆圆的水滴。

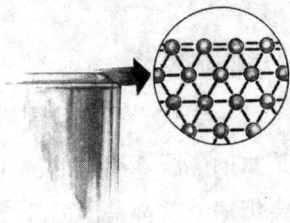

水和热量

材料准备

1个透明的容器，1个有盖子的小瓶，彩色墨水，水。

实验步骤

1. 往容器内加水。

2. 在小瓶中滴入几滴墨水，然后再倒入热水（在成年人的帮助下），盖上瓶盖。

3. 把小瓶放入冷水中，置于容器底部。去掉瓶盖。

产生现象

染了墨水的水跑到容器中水的上部，在水面上散开。过一会儿后，这些有颜色的水开始下沉，并同其余的水融合。

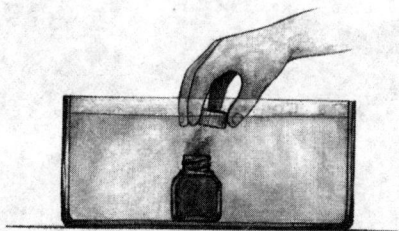

原因解答

和其他物体一样，水是由微小的可移动的粒子构成，它们就是水分子。热量会加速水分子的运动，使它们相互分散开。随着水分子的分散，它们不再像以前那样密集地排列在一起，

水因此也变得更轻。这就是染了色的热水漂在冷水上的原因。随着热量的传播，冷水和热水的温度开始接近，染了色的热水逐渐下沉，并开始同冷水混合。

简易喷泉

材料准备

1 个橡胶管，胶带，眼药水瓶滴嘴，漏斗，水。

实验步骤

1. 用胶带将漏斗缠在橡胶管一头，将眼药水瓶滴嘴缠在另一头。

2. 用手指捏住滴嘴，同时将水从漏斗中灌入橡胶管中（在水池上进行）。

3. 放低有眼药水瓶滴嘴的一端橡胶管，松开手。

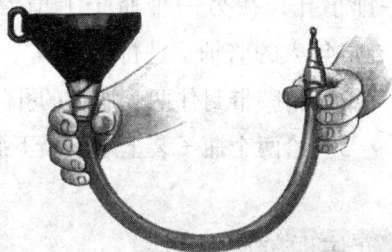

产生现象

水从眼药水瓶滴嘴喷出。漏斗那端抬得越高，眼药水瓶滴嘴喷出的水越高。

原因解答

漏斗处的水受到的大气压力大于橡胶管中水的重量，这使橡胶管中的水从眼药水瓶滴嘴喷出。漏斗抬得越高，水也喷得越高，这是因为管内水的落差变大。同理，把一个物体抬得离地面越高，它的势能就越大。

水的重量

材料准备

2 个塑料瓶，1 个钉子，胶带，水。

实验步骤

1. 如图所示，用钉子在一个瓶子上竖着钻一排小孔，在另一个瓶子上横着钻一圈小孔（在成年人的监护下进行）。

2. 用胶带封住两个瓶上的孔。

3. 给两个瓶子装上水，撕下瓶上的胶带。

产生现象

水从横着打有一圈孔的瓶子中向四周喷出，而且喷出的距离相同。但从竖着打有一排孔的瓶子中，水喷出的距离不同，离瓶底越近的孔里喷出的水越远。

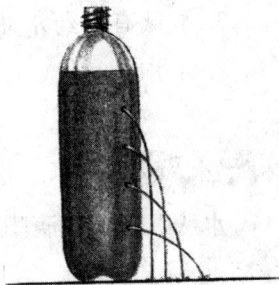

原因解答

装在瓶里的水对瓶内壁产生很大的压力，所以当它从孔中喷出时，力量很大。这种力量因为靠近底部的水的重量增大而加大，喷出的水就更远。

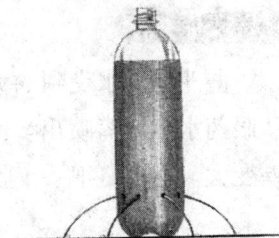

水中绽放的纸花

材料准备

1 张白纸，水彩笔，剪刀，装上水的水盆。

实验步骤

1. 先用水彩笔在纸上勾勒出下图的图形，描出上面的线，然后把它剪下。

2. 将花瓣沿虚线折好。

3. 把弄好的纸花小心地放在水上。

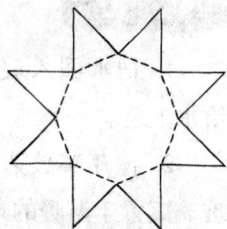

产生现象

慢慢地，花开了。

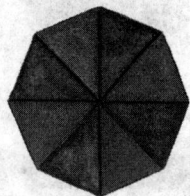

原因解答

水通过毛细作用渗入纸内部的纤维中，这使纸内部纤维膨胀。折线部分渐渐张开，纸花就绽放了。

水往高处流

材料准备

1 根约 20 厘米长带叶子的芹菜，1 个玻璃瓶，水，蓝墨水或红墨水。

实验步骤

1. 把水倒入玻璃瓶内，滴入几滴墨水给水上色。

2. 把芹菜放入染上色的水中。然后将玻璃瓶置于温暖的地方。

产生现象

几小时后，芹菜梗及叶子呈现出墨水的颜色。

原因解答

如果你切开芹菜梗，你就会发现它是由很多"小管子"组成的。水通过这些小管子流到芹菜叶子上，就像被吸上去一样。这种现象就叫做毛细作用。植物就是利用这一作用用其根系从土壤中吸取水分，然后将其一直运送到叶片上。用类似的方法，你也能将白色的花朵染上颜色。

橡皮筋制造的声音

材料准备

1 个铝制的盒子，3 根宽度不同的橡皮筋，2 支笔。

实验步骤

1. 把橡皮筋套在盒子的长边上，每根橡皮筋之间相距 1 厘米，然后拨动橡皮筋制造一些声音。

2. 把两支笔插在橡皮筋下面，盒子每端各一支，然后再拨动橡皮筋。

产生现象

当你第一次拨动橡皮筋的时候，发出的声音听起来比较单调，而且不很清晰。而当你第二次拨动橡皮筋的时候，声音听起来清脆多了。

原因解答

第一次拨动橡皮筋的时候，橡皮筋的振动被橡皮筋和盒子的摩擦阻碍了。而第二次拨动橡皮筋的时候，笔的作用就像吉他的琴马，使橡皮筋保持悬空，这样橡皮筋振动起来受到的摩擦阻碍就更小。橡皮筋通过与盒子里的空气共振来产生振动，

发出更清晰、更深沉的声音。共振的作用也被广泛运用于小提琴、曼陀林以及钢琴等乐器中。在这些乐器里，都拥有一个空间，用来与振动的声音发生共振。

变回液态

材料准备

炖锅，不锈钢锅盖，火炉，水。

实验步骤

1. 把炖锅加上部分水，然后请大人把炖锅放在火炉上加热。

2. 当水沸腾时，把锅盖放在水中冒出的蒸气上（锅盖要拿在较高处，以免烫伤）。

产生现象

锅盖下出现很多小水滴。

原因解答

水沸腾后，水蒸气上升，与冷锅盖接触。这时，水蒸气释放出热量，从而回到液态。这种现象叫做液化。

消失的水

材料准备

2 个相同的杯子，1 个碟子，1 根水彩笔，水。

实验步骤

1. 在两个杯子中倒入等量的水。用水彩笔标出水面的位置。

2. 将碟子盖在一个杯子上。

3. 把两杯水放在阳光下或暖气旁。

产生现象

一天后，没盖碟子的杯中的水位变低，盖有碟子的杯中水位没变。

原因解答

受热后，没盖碟子的杯中的水有一部分蒸发掉了，变成细小的、肉眼看不到的水蒸气，被空气吸收飘走。晾晒的衣物就是由于这个原因而变干的。除了热量外，流动的空气（风、我们吹出的气）也能使水蒸发，它能使水汽脱离衣物，然后被周围的空气吸收。

盐水的密度与浮力

材料准备

食盐，1 杯水，1 个鸡蛋，勺子，茶匙，水。

实验步骤

1．在杯中倒半杯水，用勺子将鸡蛋轻轻放入水中。

产生现象

鸡蛋沉入水底。

2．把鸡蛋捞出来。往水里加 10 茶匙盐，搅拌，这样盐水就调好了。

3．把鸡蛋放入盐水中。

鸡蛋浮在水面上。

4．把鸡蛋再捞出来，慢慢地向杯中加入清水，一直到加满。

5．再把鸡蛋放进去。

鸡蛋悬浮在杯子中部。

原因解答

鸡蛋比水的密度大，所以下沉。盐水的密度比清水大，使鸡蛋能够浮起来。在实验的最后一步，清水浮在盐水上面，鸡蛋悬浮在杯子中部。这是因为鸡蛋密度小于盐水，但大于清水。

密度测试

材料准备

1个透明容器，蜂蜜，菜油或花生油，水。

实验步骤

1. 把蜂蜜和油倒入瓶中。
2. 倒入水。

产生现象

这些液体并没有溶合，却分成明显的几层：油在最上层；水在中间；蜂蜜在最底下。

原因解答

这3种液体密度不同。油密度最小，浮在水上；蜂蜜密度最大，沉在底部。

蹦蹦跳跳的卫生球

材料准备

卫生球（樟脑球），醋，碳酸氢钠，水，小玻璃罐，小勺。

实验步骤

1. 往小罐中加水，加入2勺醋，2勺碳酸氢钠，然后搅拌均匀。

2. 把卫生球放入水中（卫生球如果太光滑，先把表面弄粗糙）。

产生现象

开始时，卫生球会沉到水底。一会儿，卫生球表面会粘上气泡，会反复地上升和下沉好几次。

原因解答

醋和碳酸氢钠混合后会产生二氧化碳气体，使水中出现许多小气泡。二氧化碳气体比水轻，会浮向水面。当二氧化碳气泡遇到卫生球时，会粘在上面并把卫生球带到水面。到水面后，二氧化碳气泡爆裂并跑到空气中，这使卫生球再次变重，下沉到水底。随后，附着新产生的气泡后，这些小球又会漂起来。

浮力的限制

材料准备

橡皮泥；体积小的物体，如：回形针、小石头、筛子等；水盆；水。

实验步骤

1. 把橡皮泥捏成图中小盒子的形状。

2. 在盆中倒入水，将捏好的小盒子放在水上。在小盒子上标出水的位置。

3. 给小盒子上放东西，看看刚才画的线是否低于水面。

产生现象

小盒子装的物品越多，就沉得越深。

原因解答

橡皮泥小盒子中间是凹下去的，并含有空气。当它承载其他物体时，它的形状不变，但是重量增大，自身密度（单位体积内包含的重量）也增大。小盒子所排开的水重量不变时，只要排开的水重量比小盒子的重量大，尽管吃水会更深，小盒子还能浮在水面；当被排开的水的重量比小盒子的重量小时，小盒子就会沉到水里。这个实验表明：放入水中物体的密度也决定着它是否下沉。

形状决定沉浮

材料准备

橡皮泥，汤锅盖，水盆，水。

实验步骤

1. 在盆中装上水。
2. 把橡皮泥捏扁，置于水上。
3. 把扁平的橡皮泥捏成圆球，放在水中。

产生现象

捏成扁平形的橡皮泥浮在水面，球形的却沉入水底。

4. 把汤锅盖放入水中，先平放，再竖着放。

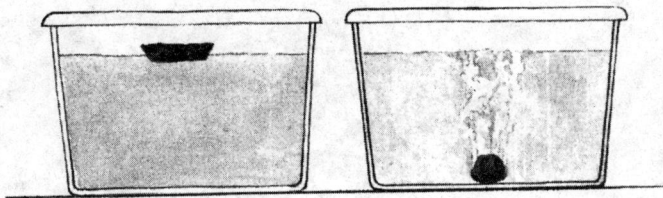

产生现象

平放时，汤锅盖浮在水面；竖放时，汤锅盖沉入水中。

原因解答

　　物体排开的水越多，它受到的向
上推力就越大。扁平形的橡皮泥和平
放的汤锅盖在水里的表面积很大，排
开的水也多，因此它们得到的向上推
力足以让它们浮起来。球形橡皮泥和
竖放的汤锅盖接触水面的面积小，排水量小，因此受到的水的推力不够大，
不能浮起来。这个实验表明：物体形状也能决定物体的沉浮。

弹簧秤揭示了什么

材料准备

弹簧秤，1个苹果，细线，1个很深的盆子，水，纸和笔。

实验步骤

1. 将细线一头系上苹果，另一头系上弹簧秤，然后记下现在苹果的重量。

2. 倒一盆水。

3. 把苹果放入水中，然后看看这时苹果的重量是多少，记下来。

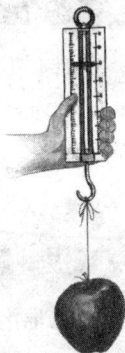

产生现象

苹果在水中称起来更轻。

原因解答

苹果在水中时，它排开了与苹果同样体积的水。被排开的水想要回到原先的位置，就挤压苹果，把它向上面推，苹果受到的推力同它排开水的重量相等，这被称作排水量。所以，如果500克重的物体排开200克的水，它得到的一个向上的推力就是200克。因此，在水中称重的该物体只有300克。

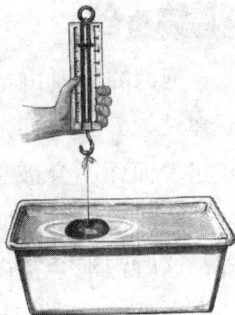

蹦蹦跳跳的泡泡

材料准备

1 件毛衣或羊毛围巾，肥皂水（最好能在冰箱里冰镇一下），1 个吸管，乒乓球拍（托盘或硬皮书也行）。

实验步骤

1. 把毛织品缠在拍子上。
2. 吹一个肥皂泡，让它落到拍子上。
3. 轻轻移动球拍，使肥皂泡弹起来。

产生现象

肥皂泡安然无恙地的落在拍子上，并弹了起来。

原因解答

泡泡的表面由水和肥皂构成，十分有弹性，并可屈伸，落在毛织物上能悬在它表面而不会破裂。如果你想在冷天做这个实验，把上面用到的东西拿到户外，这时泡泡会被微微冻住，看上去像一个水晶球。

同心半球

材料准备

肥皂水（最好在冰箱中放 1 小时），吸管，1 个光滑的面板（如玻璃板、塑料或钢板）。

实验步骤

1. 首先，擦湿面板。

2. 然后，用吸管沾上肥皂水，吹一个泡泡，并将它慢慢放在面板上，肥皂泡会变成一个半球形。

3. 将吸管沾上肥皂水（外部吸管的表面也要沾上肥皂水）小心地将吸管插进第一个肥皂泡，慢慢地在里面再吹一个泡泡。

4. 用同样的方法吹第三个泡泡（注意：别让泡泡相互重叠粘住）。

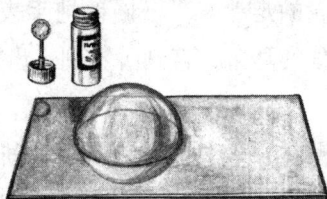

产生现象

每个新泡泡都出现在上一个的中心，并使之前的泡泡变得更大。

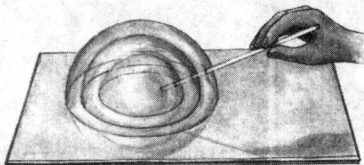

原因解答

泡泡中有空气。新泡泡挤开上个泡泡内的一些空气，由于肥皂泡的表面伸缩，所以上一个泡泡会变得更大。多做几次这种实验，你就发现你能吹出各种各样的泡泡。试着将一个泡泡放在另一个的表面，看看会有什么变化。

被放大的声音

材料准备

1 只机械手表，1 张桌子。

实验步骤

1. 把手表靠近你的耳朵，倾听表齿轮的走动声。慢慢地把手表拿开，远离你的耳朵，直到听不到表齿轮的走动声。

2. 把手表放在桌子上，然后将耳朵贴在桌子上，耳朵与手表间的距离与上一步中相同。

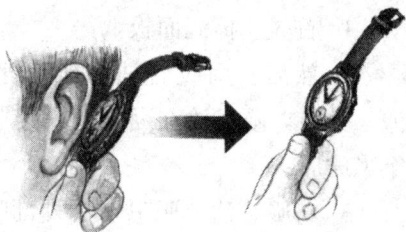

产生现象

你的耳朵可以更清晰地听到表齿轮的走动声。

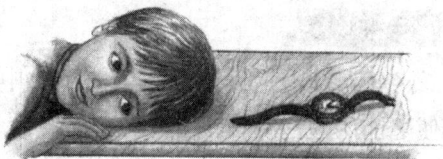

原因解答

在固体中，声音可以比在液体中更好地传播。声音也可以容易地通过砖和玻璃传播，这就是为什么声音能够通过墙和窗户被听到的原因。

观察振动

材料准备

1 个扫帚把，6 个乒乓球，6 根各长 50 厘米的绳子，2 把椅子，1 卷胶带。

实验步骤

1. 把两张椅子背对背放置，然后把扫帚把横放在两把椅子的椅背上。

2. 用胶带在每根绳子一端粘上一个乒乓球，然后把绳子的另一端粘在扫帚把上，使相邻的乒乓球互相挨着。

3. 把第一个乒乓球向后拉，使绳子伸直，然后放手，使它碰到下一个乒乓球。

产生现象

所有的乒乓球都动起来了，最后一个乒乓球弹出去的距离跟第一个乒乓球撞到第二个球的距离一样远。

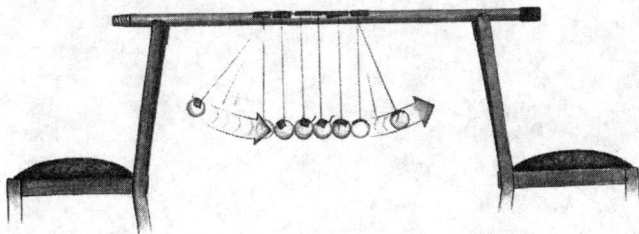

原因解答

第一个乒乓球把运动传递到第二个乒乓球，第二个乒乓球又把运动传递到第三个乒乓球，以此类推。空气分子被声音振动撞击后也会产生同样的现象，物体的振动可以被传递到它周围的空气中去。由于声波可以弯曲，因此这些振动可以从一层空气中传递到另一层空气中。

"看见"声音

材料准备

1 张塑料薄膜（可以从货物包上剪下来），1 根橡皮筋，1 个塑料碗，1 个金属锅，1 个木制搅拌勺，粗糙的盐粒或米粒。

实验步骤

1. 把塑料薄膜蒙住碗口，用橡皮筋把它扎紧，使薄膜完全绷平。

2. 把盐粒或者米粒放在塑料薄膜上。

3. 把金属锅拿到碗旁边（不要接触到），然后用木勺敲几下。

产生现象

盐粒或米粒到处乱蹦。

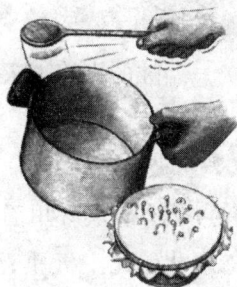

原因解答

当金属锅被敲打的时候，它发出一种不断振动的声音，使它周围的空气也发生振动，并产生了声波。当这些声波接触到碗的时候，碗也发生振动，使得那些盐粒和米粒到处乱蹦。

二氧化碳灭火器

材料准备

1个碟子，1个玻璃杯，1根火柴，1支蜡烛，1个茶匙，一些醋，碳酸氢钠，1根纸管，一些雕塑黏土。

实验步骤

1. 用一块黏土把蜡烛固定在碟子内，然后请一位成年人帮你点燃蜡烛。

2. 用手拿着玻璃杯，把醋倒进杯里，然后再加一茶匙碳酸氢钠。

3. 当杯子里开始形成气泡的时候，一只手在距离蜡烛火焰稍远的地方拿着纸管（小心不要距离火焰太近）。将杯子慢慢地靠近纸管——就好像你从杯子里向纸管里倒入空气。

产生现象

蜡烛的火焰熄灭了。

原因解答

你在玻璃杯里看到的碳酸氢钠和醋混合后所形成的气泡就是二氧化碳。二氧化碳比空气重，所以它沿着纸管向下流动，来到火焰上，把氧气赶走，从而中断燃烧。用来灭火（如因家用电器故障而引起的火）的灭火器就含有二氧化碳。